AF555142

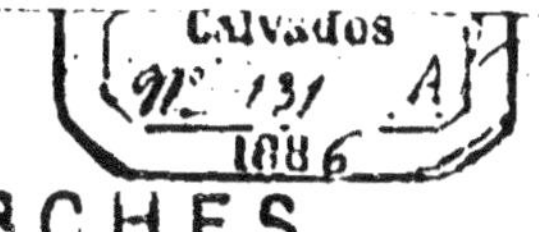


# RECHERCHES

SUR LA

# MISÈRE EN NORMANDIE

## AU TEMPS DE CHARLES VI

PAR

A. COVILLE
Maître de Conférences à la Faculté des Lettres

(Extrait des Annales de la Faculté des Lettres de Caen)

CAEN
TYPOGRAPHIE-LITHOGRAPHIE E. VALIN
5, RUE AU CANU, 5

1886

# RECHERCHES

## SUR LA MISÈRE EN NORMANDIE

### Au temps de Charles VI

La Guerre de Cent Ans en général, la seconde moitié du règne de Charles VI en particulier, passent pour une des plus tristes époques de l'histoire de France. Au début du xvᵉ siècle, tous les malheurs semblent s'accumuler sur le royaume : le roi est fou ; la guerre avec les Anglais ne cesse que pour recommencer aussitôt ; à partir de 1410, la guerre civile vient encore s'ajouter aux invasions étrangères ; des princes ambitieux et dépensiers se disputent le pouvoir ; l'administration royale, malgré de perpétuelles réformes, est toute désorganisée ; ce n'est partout que haines, anarchie, épuisement.

Cette misère générale de la France a nécessairement frappé les historiens. Michelet, si sympathique à toutes les infortunes des peuples, à près de cinq siècles de distance, s'est senti comme meurtri lui-même des longues souffrances du xivᵉ et du xvᵉ siècles. Dans sa préface de 1869, racontant les sentiments, souvent même les sensations que lui a données la composition de son histoire de France, il s'écrie : « Ce fut fait d'un jet de douleur... « Je n'étais pas en garde, ne m'attendais à rien, quand la figure « de Jacques dressée sur le sillon, me barra le chemin, figure « monstrueuse et terrible. Une contraction du cœur, convulsive, « eut lieu en moi..... Grand Dieu ! C'est là mon père ? l'homme du « Moyen-Age ?..... « Oui. Voilà comme on me l'a fait ! Voilà mille « ans de douleurs !... » Ces douleurs, à l'instant, je les sentis qui « remontaient en moi du fond des temps. C'était lui, c'était moi.... « qui avions souffert tout cela.... De ces mille ans, une larme me

« vint, brûlante, pesante comme un monde, qui a percé la page. » Nul..., n'y passa sans pleurer. » (1)

Ce que Michelet a exprimé avec exagération, d'autres auteurs l'ont dit avec calme et sang froid, mais sans apporter beaucoup de preuves nouvelles ; se contentant en général d'extraits des chroniqueurs les plus connus, ils n'ont point demandé à des documents variés un tableau plus complet et plus précis de la misère en France au temps de Charles VI. Pour ne citer qu'un exemple, dans son *Histoire des Paysans* (1200-1850), M. E. Bonnemère remplace volontiers la sûreté des informations par la vivacité des couleurs. Peut-être n'est-il pas inutile de compléter et de confirmer ces développements presque toujours semblables par l'étude de sources plus détaillées, par une enquête minutieuse et locale. L'objet du présent travail est de montrer, d'une manière rapide, les résu[illegible]ts que l'on en pourrait tirer, pour une seule province, prise à pa[illegible] la Normandie.

## I

Voyons d'abord en quelques mots quel est le passé de cette Normandie, dont le nom évoque d'ordinaire les idées de richesse, d'activité industrielle et commerciale, de vie prospère et large.

Le XIIIe siècle fut une époque fortunée pour le royaume de France et surtout pour la province qui nous occupe. Plus de cent années s'écoulèrent sans qu'une guerre véritable y vint mettre le trouble. Depuis la réunion à la France jusque vers 1346, la sécurité fut complète. La population s'accrut dans d'étonnantes proportions. Rouen devait avoir environ 70,000 habitants au milieu du XIIIe siècle, et à propos de la grande peste de 1348, un chroniqueur local, bien qu'avec une évidente exagération, pouvait évaluer le nombre des victimes à 100,000 personnes (2). Des villages s'établirent de tous côtés ; il fallut défricher de grands espaces de [illegible]. Louis IX, les moines des grandes abbayes s'intéressaient vivement à ces utiles travaux et même y prenaient

(1) MICHELET, *Histoire de France*, éd. in-12, t. I, p. 23.

(2) PUISEUX. *Le Siége de Rouen par Henri V*, Caen, 1866, p. 18. — *Norman. nova Chron.* éd. Chéruel, Caen, 1850, an. 1348.

part. Dans la plupart des forêts de Normandie apparaissent alors des paroisses nouvelles avec église et curé, qui témoignent de l'heureux développement des colonies forestières. A la même époque, on peut dire que le servage avait complètement disparu. Les chemins commençaient à se multiplier autour des châteaux et surtout des abbayes ; on veillait à leur entretien par les riverains. Beaucoup de services et de redevances étaient rachetés ou abandonnés par les seigneurs ; les habitants des campagnes s'organisaient en communautés pour soutenir en justice les droits communs, régler les affaires communes, pourvoir aux dépenses communes, etc. (1).

Dans les villes, mêmes signes de prospérité économique : les faubourgs grandissent ; il faut construire de nouvelles enceintes. Malgré le ralentissement temporaire des relations commerciales avec l'Angleterre, aussitôt après la réunion de la Normandie à la couronne, les ports restent florissants et les foires très fréquentées. A Rouen, il y a trois grandes foires où se font de très grosses affaires ; en Basse-Normandie, on doit citer celles de Caen et de Guibray (2). La compagnie des marchands de Rouen peut lutter avec énergie contre celle des marchands de l'eau de Paris ; elle est en grandes relations avec Reims pour ses tapis, l'Angleterre pour ses laines, la Flandre pour ses tissus, surtout le Poitou, l'Anjou et la Bourgogne pour leurs vins, plus loin encore avec la Provence, l'Italie, la Hollande, les pays Scandinaves, la Castille et le Portugal (3). Rouen étend ses quais, bâtit ses halles, établit un véritable arsenal sous le nom de « Clos des Galées ». Le transit est considérable : c'est une sorte d'entrepôt entre le nord et le midi. La Vicomté de l'Eau qui perçoit les droits du roi sur le commerce rouennais, fait de très belles recettes (4). Et Rouen n'est pas le

(1) L. Delisle. *Études sur la condition de la classe agricole en Normandie au Moyen-Age*, Évreux, 1851, p. 18, 108, 137-169, 390-417, etc.

(2) De Bourgueville. *Les Recherches et Antiquités de la ville de Caen* (1833), p. 82, 108.

(3) Fréd. Lecaron. *Les Origines de la Municipalité parisienne*, Mém. de la Société de l'Histoire de Paris, t. VIII. — Fréville. *Mémoire sur le commerce maritime de Rouen*, I, 201. — Chéruel. *Histoire de Rouen pendant l'époque communale*, I, 182, II, 71.

(4) Ch. de Beaurepaire. *La Vicomté de l'Eau de Rouen*, Paris, 1856, 68.

seul port normand vraiment actif : il faut compter Dieppe, Harfleur, le port de Leure, Fécamp, Honfleur, Caen, Cherbourg, etc. En 1339, ces ports fournissent au roi 120 nefs pour tenter un débarquement en Angleterre ; encore, en 1340, malgré l'insuccès de la précédente tentative, on compte 146 navires normands à la bataille de l'Ecluse (1). — Tous ces détails révèlent en somme une grande richesse commerciale et agricole, par suite un bien être général jusque vers le milieu du XIVe siècle. Plusieurs historiens l'ont reconnu et affirmé, et on ne saurait mieux faire que de rappeler avec eux les passages significatifs où Froissart rapporte les impressions des Anglais, lors de leur première invasion en Normandie : « Si trouvèrent, dit-il, le pays gras et plentiveus de « toutes coses, les gragnes plainnes de blés, les maisons plainnes « de toutes rikèces, riches bourgois, chars, charètes et chevaus, « pourciaus, brebis et moutons et les plus biaus bues du monde « que ont nourisi ens ou pays. Si en pristrent à leur volenté, des « quelz qu'il peurent et amenèrent en l'ost le roy. Mais li varlet ne « donnoient point, ne rendoient as gens le roy l'or et l'argent qu'ils « trouvoient ; ainçois le retenoient pour yaus » (2).

Mais après la grande peste de 1348, pendant la guerre de Cent-Ans, compliquée de guerres simultanées avec le roi de Navarre, Charles le Mauvais, possesseur de grands domaines en Normandie, le tableau change complètement ; la prospérité se transforme en détresse, le bien-être en misère. La première invasion de la Normandie eut lieu en 1340. Depuis ce jour, toute sécurité est compromise. L'ennemi ne cesse de courir le plat pays ; sauf de rares intervalles de trêve, la vie devient précaire dans les campagnes. Dans les villes, il faut toujours veiller à la défense, redoubler le guet, restaurer les tours, relever les brèches de murs. Bientôt, aux ravages des Anglais, aux désordres de la Navarrerie, s'ajoutent les brigandages des bandes indépendantes, les Grandes Compagnies, que la paix de Brétigny n'a pas suffi à déloger des lieux fortifiés de la province. « N'oncques puis que Diex fu mis en crois,

(1) CANEL. *Etats de Normandie au XIVe siècle*, p. 4. — FROISSART. *Chronique*, Kervyn de Lettenhove, t. XVIII, p. 67.

(2) FROISSART. Ed. Luce, III, 138.

« dit P. Cochon, n'estoit nul qui oncques eust vu ne leu en roumanz « ne en croniques tel temps comme il couroit en ce temps (1). » Quelques années de paix au début du règne de Charles V ne purent faire oublier tant de misères. Dès 1368, toute la Basse-Normandie est à la merci des Anglais établis dans le Cotentin; au mois de juillet, « les ouvriers n'osaient pas s'aventurer sur la route de Caen à Bayeux. » En juillet 1369, on ne pouvait faire la moisson faute de bras; le bailli de Caen dut forcer, par ordonnance, les ouvriers des villes à aider les paysans trop peu nombreux: « Se toutez ma-« nièrez de mestiers ne se cessent pour aler cuillir les blés qui « sont sur le païs, iceult pourroient demourer et pourrir sur les « terres (2). » Il en fut ainsi jusqu'à la prise du château de Saint-Sauveur-le-Vicomte par l'amiral Jehan de Vienne, en 1375; même après cette perte, les Anglais gardaient encore la place de Cherbourg.

Ainsi, depuis trente ans, ce sont les mêmes misères qui se reproduisent d'année en année: occupation des villes, passages et séjours d'hommes d'armes dans les villages, prises de vivres et d'argent, pillages réguliers, rançonnements ou disparition des habitants, incendies, pertes de récoltes, subsides perpétuels, généraux et locaux, augmentation des fermes et gabelles, diminution et interruption des relations commerciales, etc., etc. Il est impossible d'entrer ici dans le détail; du reste, nous retrouverons toutes ces souffrances sous Charles VI, encore plus vives et plus insupportables. Quelques indications seulement suffiront: des chiffres donnés par M. de Beaurepaire montrent que le prix des journées de travail, comme celui des menus objets, a doublé; au contraire le prix de la terre a diminué de moitié (3). La ferme de la Vicomté de l'Eau, à Rouen, subit des pertes considérables qui révèlent la triste situation du commerce rouennais: donnée à 8,000 livres tournois en 1305, en 1353 elle ne vaut plus que 5,166 livres et 2,500 livres en 1373 (4). En général, les fermes des impositions royales devien-

(1) P. Cochon, *Chronique normande*, éd. de Beaurepaire, p. 102.
(2) Delisle, *Histoire de Saint-Sauveur-le-Vicomte*, p. 147, 152.
(3) Ch. de Beaurepaire, *Notes concernant l'état des campagnes de la Haute-Normandie, sous les derniers temps du Moyen-Age*, Rouen, 1865, p. 273, seq.
(4) Ch. de Beaurepaire, *La Vicomté de l'Eau de Rouen*, p. 66-71.

nent une occasion de ruine, surtout dans les villes non fermées. Encore en 1377, on a crié dans le Vexin normand que les habitants du plat pays devaient se retirer dans les places fortes, à cause des gens d'armes qui tenaient la campagne (1). Toute récolte devient impossible. Le fermier, bientôt insolvable, vend à vil prix ses animaux, ses meubles ; son habitation elle-même est saisie. Ce n'est pas tout encore : si pauvre que fussent les sujets du roi, ils devaient payer malgré tout, pour les aides, 6 fr. par feu dans les villes et 2 fr. dans les campagnes ; sur le moindre achat, 12 deniers pour livre revenaient au fisc ; le sel ne se vendait qu'au grenier du roi et coûtait fort cher, etc. De tous ces faits, la conséquence nécessaire fut, en Normandie, après une période de prospérité éclatante, un développement subit et général de la misère, qui atteindra son plus haut point sous Charles VI et sous la domination anglaise.

## II

En 1380, Charles VI est roi de France ; il a douze ans. Ses oncles, les ducs d'Anjou, de Berri et de Bourgogne, commencent par régner en son nom et au mieux de leurs intérêts personnels. En 1392, le jeune roi, qu'ils ont mal surveillé, qui s'est dépensé et affaibli dans de précoces plaisirs, perd la raison. C'est une seconde minorité qui commence, sans espoir et sans fin. Désormais, le gouvernement du royaume est un objet d'envie et de rivalités pour les princes des fleurs de lys. Deux grands partis se forment parmi eux : la maison d'Orléans avec Louis, frère de Charles VI, puis Charles d'Orléans ; — la maison de Bourgogne, avec Philippe le Hardi et Jean sans Peur. Leur hostilité dégénère rapidement en une guerre qui partage la Cour, la noblesse et tout le royaume en Armagnacs et Bourguignons. Après le meurtre du duc d'Orléans en 1407, la lutte armée commence en 1410 et se poursuit malgré de fréquents traités à Chartres, à Bicêtre, à Auxerre, à Arras, dont l'effet salutaire dure à peine six mois. Un jour enfin, (1417, 1er août), à la faveur de ces guerres civiles, le

(1) Bibl. nat, *fds fr.* n° 26,017, 114.

roi d'Angleterre, Henry V, fait une nouvelle descente que rien n'arrête, et, après une conquête méthodique, la Normandie redevient province anglaise.

C'est qu'en effet la guerre des Anglais n'avait point cessé : après la mort de Charles V, elle continua, lentement, il est vrai. Depuis 1378, les Anglais étaient installés à Cherbourg (1) et de là, comme de Saint-Sauveur, inquiétaient toujours le Cotentin et la Basse-Normandie. Cependant une heureuse pacification semblait assurée dans les dernières années du siècle, grâce aux trêves consécutives de janvier 1384, de juin 1389, de mai 1394, et de mars 1398 (cette dernière de vingt-huit ans), grâce surtout au mariage de Richard II avec une fille du roi de France. Mais, dès les premières années du xve siècle, l'avènement de Henry de Lancastre trompa toutes les espérances d'apaisement, et les hostilités reprirent pour longtemps.

Il est bien évident que la Normandie ne fut point oubliée par les flottes et les armées du roi d'Angleterre. En 1385, le comte d'Arundel, avec une flotte assez importante, parcourt la Manche et fait quelques débarquements sur la côte du Cotentin. La province entière vit dans une anxiété perpétuelle : en 1386, après la tentative avortée d'une invasion française en Angleterre, on annonce comme représailles une nouvelle descente du comte d'Arundel (2). Le danger devient imminent en 1388 : les Anglais venus de Cherbourg s'avancent jusqu'aux portes de Bayeux (3). A partir du xve siècle, les invasions anglaises, un instant interrompues par les trêves, recommencent comme par le passé. En 1403, c'est le pays de Caux que parcourent les bandes ennemies (4). Deux ans après, Thomas de Lancastre amène une véritable armée dans le Cotentin et pénètre à plus de sept lieux dans les terres (5). Au reste, désormais la guerre civile et la guerre étrangère se confondent : les Anglais, pour leur très grand profit, sont tour à tour les alliés des Armagnacs et des Bourguignons, comme jadis des

(1) Rymer, *Fœdera*, t. VII, 201, 313.
(2). Dupont, *Histoire du Cotentin*, t. II, p. 460,
(3) Froissart, *Chroniques*, XI, 473.
(4) P. Cochon, *Chronique Normande*, édit. Ch. de Beaurepaire, p. 206.
(5) P. Cochon, p. 211. — Dupont, *Histoire du Cotentin*, II, 499.

Navarrais. Chaque année est marquée d'un retour offensif : le 15 juillet 1410, les ennemis débarquent à Fécamp et détruisent la plus grande partie de la ville (1). En 1412, le duc de Clarence, le duc d'York, le comte Dorset abordent dans le Cotentin, avec des troupes nombreuses et vivent sur le pays qu'ils ravagent ; dans l'été 1413, nouvelle descente au Tréport, avec expédition dans le pays de Caux (2). Le 13 août 1415, Henry V lui-même arrive devant Harfleur avec une armée redoutable et prend la ville qui reste aux Anglais (3). Enfin, le 1er août 1417, le roi d'Angleterre reparaît et séjourne en Normandie pour en achever la conquête.

Les conséquences d'un pareil état de guerre générale sont désastreuses. Il en résulte pour la province une perpétuelle insécurité et de perpétuels ravages. Les hommes d'armes anglais, bourguignons ou armagnacs, isolés ou plus souvent en bandes, sont partout ; partout leur présence semble suspendre la vie dans les campagnes ; partout ils pillent, incendient et tuent. A cause d'eux, il devient impossible de communiquer en sûreté, de traverser sans danger le plat pays, de se hasarder par exemple sur une route forestière. Par crainte des gens d'armes, les marchands de Paris, de Bretagne, de Lyon, du centre, n'osent venir aux grands marchés de Rouen, du Neubourg, d'Evreux, etc. (4). Pour enlever aux ennemis tout moyen rapide de venir jusqu'à Paris, le roi ordonne d'interdire la circulation sur la Seine, et une partie des bateaux qui y naviguaient furent coulés par nécessité de défense (5). Au milieu de 1413, le Chancelier du duc d'Orléans veut envoyer le procureur du duc, Pierre Gillier, à Rouen. Gillier n'ose partir seul avec son clerc, on est obligé de lui adjoindre un sergent à cheval du Chatelet d'Orléans (6). Comme le danger est partout et que la terreur est grande, la traversée, des forêts est fort

(1) Bibl. nat., *fds fr.*, 25,708, 638, 639.
(2) Bibl. nat., *fds fr.*, 25,709, 697.
(3) Puiseux, *l'Émigration normande au XVe siècle*, p. 14.
(4) Bibl. nat. *fds fr.* 25,709, 681. — 26,038, 4,488, 4,489, 4,490. — Fréville, *Mémoire sur le commerce maritime de Rouen*, t. I, p. 272.
(5) Bibl. nat. *fds fr.* 26,038, 4,515, 4,516.
(6) Bibl. de Rouen, ms. 201, II, 38.

redoutée : les chemins bordés de grands arbres, obstrués de branches, assombris par d'épais feuillages sont abandonnés. Hector de Chartres, Jean de Garancières, maîtres enquesteurs des eaux et forêts, donnent à plusieurs reprises l'ordre d'éclaircir les grandes routes boisées qui sont « moult empeschiés de ronsses, épines, buissons et d'aucuns grants árbres nouilleux, pour doubte d'estre murdris, desrobés, guestés ou batuz. » (1) Les malfaiteurs, les hommes armés ne sont pas seuls à craindre dans les chemins sombres : il ne faut pas oublier les loups qui pullulent toujours à ces époques de trouble et de misère. Il y en a beaucoup dans la forêt de Roumare aux portes de Rouen. Des primes élevées sont offertes à ceux qui les tuent. A Nonancourt, Jehan Lamy reçoit cinquante-cinq sous pour un loup et cinq louves à raison de cinq sous par loup et dix sous par louve. (2)

Mais ce n'est là encore qu'un des moindres effets, un des moindres dangers du séjour des gens d'armes. Comme les grandes compagnies du siècle précédent, ils vivent de brigandage ; ils ont surtout l'habitude d'incendier les villages par lesquels ils ont passé, de mettre le feu aux maisons qu'ils ont dévalisées. Au dire de Froissart, en 1388, l'armée du comte d'Arundel, après avoir été de Cherbourg à Carentan et de là aux portes de Bayeux s'est rembarquée sans obstacle avec 200,000 fr. de butin. (3) De semblables expéditions sont trop avantageuses pour ne pas être renouvelées : en 1403, plus de 40 villages sont pillés autour de Saint-Waast ; sept lieues carrées de pays sont totalement ravagées. (4) Les détails ne varient guère d'une année à l'autre ; à Fécamp, en 1410, 400 maisons, les plus belles de la ville, ont été incendiées et détruites par les Anglais (5). En Basse-Normandie, en 1412, non contents de ruiner les villages les ennemis ont eu l'idée barbare de couper les pommiers qui sont d'une si grande ressource pour toute cette région (6). Quant à Saint-Aubin-sur-Mer, dans l'élection

(1) Bibl. nat. *fds fr.* 26,036, 4,133.
(2) Bibl. nat. *fds fr.* 26,038, 4,461.
(3) Froissart, *Chroniques*, XI, 473.
(4) P. Cochon, *Chronique normande*, 211.
(5) Bibl. nat. *fds. fr.* 25,708, 631, 639.
(6) De la Rue, *Essais sur Caen*, II, 236.

d'Arques, après un débarquement au Tréport, il n'en reste plus rien (1) Mais aucun fait n'est plus lamentale que la prise de Harfleur par Henri V d'Angleterre le 22 septembre 1415. « Et pareillement, raconte Monstrelet, furent mis prisonniers grant partie des bourgois de la ville. et convint qu'ilz se rachetassent par grant finances et encores avec ce furent boutez de hors. Aussi furent boutées de hors grant quantité de femmes avec leurs enfans, et au partir leur bailloit-on a chacun cinq sous et une partie de leurs vestements. Sy estoit piteuze chose de veoir et oyr les regretz et lamentacions que faisoient iceuls habitans délaissans ainsi leur ville avec leurs biens (2). »

Ce que les Anglais faisaient dans leurs nombreuses expéditions, les gens d'armes Armagnacs et Bourguignons, à partir de 1410, le pratiquaient d'une manière permanente. Ils sont établis dans le pays même, et les occasions ne leur manquent point. Dès 1410, à Caen, dans les environs, à Dives, Pont-l'Évêque, Touques, les maisons des partisans du duc d'Orléans sont brûlées par mesure générale (3). Dans tout le Sud de la Normandie, les bandes du comte d'Alençon ne s'arrêtent point de piller et de rançonner les habitants. Les seigneurs envoient leurs objets précieux au Mont-Saint-Michel pour les tenir en lieu sûr (4). L'effroi a été si grand dans une paroisse telle que celle de Trevières, dans l'élection d'Alençon, qu'on n'y a point vendu la moindre quantité de vin pendant quatre à cinq mois de l'année 1411 (5). Les gens de guerre sont à deux lieux de Breteuil et personne n'ose rester dans cette ville ; une partie des habitants de Cocherel s'est enfuie dans les bois. A Dambeuf, une bande s'est établie pendant deux mois et a laissé le pays totalement épuisé (6). On entrevoit toute l'étendue de ces misères locales dans les doléances envoyées au roi par les survivants de ces villages ravagés et ruinés de la Normandie. afin d'obtenir quelques

(1) Bibl. nat. *fds. franç.* 25,709,697.
(2) Monstrelet. *Chroniques*, III, 94. 24. — Th. Basin. I. chap. 7. — Rel. de Saint-Denis, V. I, 36. ch. 7.
(3) Guilmeth, *Pont-l'Évêque*, p. 57.
(4) De La Rue, *Essais sur Caen*, II, 258.
(5) Bibl. nat. *Fds. fr.* 25, 709, 676.
(6) Bibl. nat. *Fds. fr.*, 25, 709, 670, 672, 728.

réductions d'impôts. Des lettres royales du 12 janvier 1418 rapportent que les « poures habitans » de cinq paroisses situées dans la forêt de Conches ont déclaré dans une humble supplique qu'ils « n'auroient de quoy nous paier... pour le fait et occasion des grans peines et travaulx qu'ils ont eus à cause des gens d'armes qui furent en l'année derrenièrement passée ou dit lieu de Conches et au pays d'environ, pour le doubte desquels et des garnisons qui lors estoient autour lesdits poures supplians, iceulx poures supplians s'en furent hors de leurs maisons et perdirent tant qu'ils avoient vaillant et furent prins aucuns d'eulx, leurs femmes et enfans et raençonnez à grans finances, tellement que nostre receveur ou commis à Evreux n'a trouvé que gaiger es hostels desdits poures supplians.... » (1) En 1418 la situation n'est pas plus brillante au Neufboso, (2) dans l'élection de Gisors : les habitants ne peuvent payer la part d'aides à laquelle on les a imposés « par ce que les gens d'armes en alant, passant, retournant et séjournant ont esté derrainement moult longuement logiéz en icelle ville et parroisse, lesquelx ont mengiés, dissipés, gastés, destruiz et emportez les biens, mis iceulx supplians en grésillons et fait raençonner, comme parce que partie d'icelle ville a esté arse par le feu de cas de meschief, et plusieurs des dits habitans mors de la bosse, et mesmement a convenu que par doubte des gens d'armes la plus grant partie d'iceuls supplians se seroient partis et absentez du pais..... » (3).

Une autre conséquence de cet état d'hostilités et d'invasions perpétuelles, qui contribue pour une grande part à augmenter la terreur générale, c'est le redoublement du brigandage et la multiplication des crimes de toutes sortes. C'est à la fois un symptôme et un effet de la misère. La répression a beau être fréquente et active, elle est insuffisante. Ce que les gens de guerre font en grand, des vagabonds, venus on ne sait d'où, même des habitants du pays le tentent à leur profit particulier, poussés souvent par le dénûment et la faim. Des voleurs effraient les villages : rien n'est

(1) Bibl. nat. *Fds. fr.* 25, 709, 694.
(2) Seine-Inférieure, canton de Saint-Saëns.
(3) Bib. nat. *Fds fr.* 25,700, 731.

plus fréquent que la mention de gens menés aux prisons du roi pour « souspechon de larrechin » ; très souvent ce sont des vols d'animaux. Au vol s'ajoute dans bien des cas l'incendie : en 1382 à Vauvray, la maison d'un curé est forcée, puis brûlée, la servante est violée ; les auteurs du crime sont des Génois errants par le pays (1). — Des bandes rôdent dans les bois : ils faut faire en 1407 une véritable battue dans la forêt de Brotonne avec une petite compagnie sous les ordres du vicomte de Pont-Audemer, pour suspendre les malfaiteurs qui s'y sont établis à demeure (2). Le héraut Berry parle d'un nommé Jean Raoulet, qui, en 1417, sous prétexte de combattre les Anglais était devenu un véritable chef de brigands dans le pays de Caux (3).

Du reste ce qui prouve bien ce redoublement de crimes, ce sont les continuelles exécutions faites par le baillis et les exécuteurs des hautes œuvres. De tous côtés il y a pendaisons, mises au pilori, oreilles coupées, batteries, à Rouen, à Caen, à Coutances, à Vernon, à Bernay, etc. (4), mais probablement sans effet et sans succès, puis qu'il faut toujours recommencer. Voici en mai 1407 l'exécuteur de la haute justice du roi à Rouen, qui va successivement battre à Bernay, mettre au pilori et à l'échelle à Rouen, à Pont-Autou et à Montfort-sur-Risle ; en revenant de Bernay, il a encore pendu un pourceau à Pont-Autou (5). C'est alors un métier fort occupé : en 1380, il y avait eu 4 pendaisons au gibet de Falaise, de mai à juillet (6).

Les officiers royaux eux-mêmes se permettent trop souvent dans cette détresse et cette confusion des excès de pouvoir vraiment criminels ; ils devraient être les premiers protecteurs des malheureux, et il est des cas où il faut se défier d'eux comme des gens d'armes. Tel est le vicomte de Pont-de-l'Arche ; il a été chargé de percevoir une amende prononcée contre un enfant de 11 ans, un

(1) Douet d'Arcq, *Pièce du règne de Charles VI*, t. II, p. 20.

(2) Bibl. nat. *Fds fr.*, 26,038, 4,630.

(3) Chron. de Berry dans Godefroy, *Histoire de Charles VI*, p. 432-433.

(4) Bibl. nat. *Fds fr.* 26,035, 4,011, — 26,037, 4,344 — 26,038, 4,519, 4,621 — 26,040, 4,829, etc.

(5) Bibl. nat. *Fds fr.* 26,035, 3,931.

(6) Bibl. de Rouen, *mss.* 201, 65.

mendiant ; comme cet enfant n'a aucunes ressources, il l'a fait enfermer à la prison royale d'Evreux ; il refuse maintenant, en août 1408, de l'élargir : « Combien que par nos conseilliers qui dernièrement ont tenu ledit Eschiquier ait esté mandé audit vicomte que pour la cause de la dicte amende il ne fasse détenir prisonnier ledit suppliant ; néantmoins il n'en a rien fait ne n'a voulu obtempérer à commandement de nosdiz conseilliers, mais fait detenir ledit poure suppliant ès dictes prisons, esquelles il est en aventure de demeurer à tousiours. » (1) Le bailli de Louviers est beaucoup plus redoutable : il sait torturer un prisonnier ; en deux jours il met 13 fois « en géhine » une de ses victimes : « « Il avoit fet cuir des œufs en breze, et iceul tout chaux avoit mis ou fet mectre soubz les esselles du prisonnier ; lui avoit fet lier les doiz des mains ensemble avec des cordes de fouet, moult à destroit ; et après lui avoir fet mettre des fuzeaux entre les dois, par quoy il avoit eu le cuir des mains rompu et déchiré, il l'avoit mis au cep par les piés et lié les mains derrière le dos. » (2) En 1412, il se passe à Aumale des faits invraisemblables, les deux Godin père et fils, le premier bailli d'Aumale, et le second son lieutenant, le capitaine du lieu, et plusieurs autres complices avaient battu à sang à plaie un nommé Jehan Moisse, sa femme et sa fille ; non contents de les avoir ainsi endommagés, en guise de châtiment pour de tels désordres, ils enfermèrent la victime Moisse dans la prison d'Aumale et l'y firent mettre aux fers par le vicomte du lieu qui était du reste gendre du bailli. Au même moment Jehan Campion, sa femme et plusieurs complices avaient allumé dans la ville un terrible incendie qui détruisit dix à douze maisons ; sans doute avec la connivence du bailli, ils restaient à peu près impunis, puisqu'ils étaient enfermés tranquillement à la prison d'Aumale, sans que personne songeât à procéder contre eux comme ils le méritaient (3). Et les officiers des grands seigneurs normands ne demeuraient point en arrière des officiers royaux ; un receveur

(1) Bibl. nat. *fds. franç.* 22,708, 612.
(2) Floquet, *Histoire du Parlement de Normandie*, I, 121.
(3) Bibl. nat. *fds. fr.* 26,039, 4,639.

du baron de la Ferté, condamné à la requête de plusieurs paroisses dont il avait molesté les habitants s'écriait en plein Echiquier : « Ha! Ha! Les villains m'ont fait grand paine; mais par le sanc-Dieu, si je les plumeray mielx que onques coq ne fut plumé ! » (1)

De toutes ces circonstances réunies, guerre étrangère et civile, chevauchées et pillages des gens d'armes, manque général de sécurité, redoublement de crimes, excès des officiers royaux, il résulte un fait inévitable : c'est une effrayante dépopulation, que viennent encore augmenter les épidémies. Comme si ce n'était pas assez de deux guerres simultanées, les maladies, les « pestilences » sont fréquentes ; mal connues et mal soignées, elles s'étendent rapidement, deviennent mortelles et vident le pays de ses habitants. C'est ce qui arrive en 1387 pendant l'été, en 1390 après les grandes inondations, en 1402 aux alentours de Caen, en 1403 dans le Cotentin (2). De 1412 à 1415, il y a un redoublement terrible d'épidémies ; on peut citer le cas de Saint-Hilaire-du-Harcouet en 1414, où la moitié des habitants avait disparu, où plus de 600 personnes étaient mortes depuis un an (3).

L'épidémie n'est bien souvent que la suite de la guerre. Par leur action combinée, la population diminue partout, en Haute et en Basse-Normandie. Des villages sont abandonnés en partie et même totalement ; les villes elles-mêmes bien qu'on y vienne s'y réfugier du plat pays subissent des pertes considérables. A Rouen on constate en 1409 que bien des maisons tombent en ruines faute d'habitants: il n'y a pas de paroisse où on n'en trouve un grand nombre ; car « les demourans en icelle ont esté si grevez, que les aucuns s'en sont enfouiz et abentez tellement que en toutes les paroisses de ladicte ville a une grande partie des maisons et édiffices cheuz et vuidiez et sont en péril de cheoir. » Pour ramener une prospérité disparue et relever le chiffre de la population, on décide que tous les

(1) Floquet, op. c. I, 77.
(2) Rel. de S.-Denis. *Chronique de Charles VI*, I, 476, II, 792 — Bibl. nat. *fds franç.* 25,707, 480.
(3) Bibl. nat. *fds. fr.*, 25,709, 714.

hommes qui auront appris leur métier dans des villes où il y a des statuts et des règlements pour les métiers, pourront l'exercer dans la ville de Rouen, s'ils en sont jugés capables (1). Il faut croire que ces mesures furent inefficaces. En 1411, les Rouennais, pour se garder, durent mettre des chaînes à travers les rues « parce qu'ils ne la pourroient autrement garder qu'elle est de grand circuit, très petitement peuplée et en la plus grande partie comme vuide, vague et inhabitée. » (2) A Caen, à la suite de la grande épidémie de 1400, la ville n'est plus que l'ombre de ce qu'elle était jadis : « une grant partie des gens d'ycelle ville s'en sont fouiz hors et les autres qui y demourèrent sont alez de vie à trepassement ou la plus grant partie (3). » On trouve à grand'peine assez d'habitants dans la paroisse Saint-Gilles pour faire la garde de l'abbaye de la Trinité. (4)

Dans les petites villes, la dépopulation est plus grande encore : à Fécamp, après la descente des Anglais en juillet 1410, la moitié de la ville et des habitants a disparu (5). A Breteuil (1412), « nulz de nos subjetz n'osent demourer en la dicte ville pour la paour de noz diz ennemis qui pillent, tuent, robent et rançonnent et destruisent noz diz subgiez, hommes, femmes et enfans » (6). Il en est de même au Neubourg, à la Ferté-Macé, à Cocherel, à Damville, etc. Quant aux villages, il en est de tout-à-fait déserts. A Saint-Aubin-sur-Mer, où les Anglais viennent de passer « de présent il n'y demeure personne et y est tout destruit. » Quelques pauvres seulement sont restés à Dambeuf ; à Neufbosc, on ne sait même pas ce que sont devenus les habitants qui ont disparu (7). En 1394, un sergent vient à Tollevast, non loin de St-Sauveur-le-Vicomte pour notifier un acte : il rapporte au vicomte de St-Sauveur qu'il avait été obligé de faire la publication néces-

(1) *Ordon.* IX, 413.
(2) FRÉVILLE, *Essai sur le commerce maritime de Rouen*, I, 270.
(3) Bibl. nat. *Fds. fr.* 23,707, 480.
(4) DE LA RUE, *Essais sur Caen*, II, 256.
(5) Bibl. nat. *Fds. fr.* 23,708, 635.
(6) Bibl. nat. *Fds. fr.* 23,700, 670.
(7) Bibl. nat. *Fds. fr.* 23,709, 697, 728, 731.

saire « à l'oïe de la paroisse de Brix, prochaine et adjacente de la paroisse de Tollevast, pour ce que en ladicte paroisse de Tollevast, n'estoient aucuns demourans ny habitans pour cause des guerres. » (1) Combien avaient fait comme la famille de l'évêque de Lisieux, Thomas Basin, l'historien de Charles VII et de Louis XI, qui émigra du pays de Caux en 1416 ! Le récit lamentable de Basin est d'une vérité générale : « Comme le roi d'Angleterre, dit-il, avait laissé à Harfleur une forte garnison et que de leur côté les Français avaient rempli de troupes Caudebec, ma ville natale, mes parents, afin de se soustraire aux insolences, aux outrages et aux violences de la soldatesque, résolurent de quitter ce lieu. De là donc ils émigrèrent à Rouen, dans l'espoir d'y fixer leur séjour, avec leur famille et le meilleur de leurs meubles, m'emmenant avec eux partout où ils voulaient s'établir. Au bout de quelques mois tout le pays de Caux étant couru par les partis Anglais et Français, qui y faisaient d'affreuses dévastations, la terre se trouva vide d'habitants, les champs restèrent incultes et abandonnés par les laboureurs » (2).

## III

On peut juger par les faits qui précèdent dans quelles conditions se trouvait la Normandie pour supporter les énormes charges financières et militaires qu'exigeaient la résistance aux ennemis du dehors et du dedans, une administration sans ordre et sans honnêteté, une cour dépensière, des princes endettés et insatiables. Prenons d'abord les charges financières : les unes sont régulières, les autres extraordinaires; elles s'ajoutent sans se nuire. La Normandie, à cet égard, malgré les invasions et les désastres qu'elle a subis au XIVe siècle, n'est pas plus épargnée que les autres parties du royaume ; nous verrons même qu'elle peut envier le sort des provinces voisines.

Les impositions régulières, devenues permanentes de fait, sont des taxes sur les transactions commerciales, et sur les objets de

(1) DELISLE, *Hist. de Saint-Sauveur*, p. 47.
(2) Thomas BASIN, t. IV, p. 10.

consommation. On sait qu'en Normandie le commerce était actif : Rouen avait de grands marchés, des foires très fréquentées ; il s'y faisait pendant les années de paix de brillantes affaires avec le reste du royaume, l'Angleterre, la Flandre, etc. Or toute marchandise vendue est frappée d'un droit de 12 deniers pour livre. Cette taxe, si funeste au commerce normand fut encore élevée à plusieurs reprises, par exemple en 1388, où elle fut portée de 12 deniers à 18 deniers pour livre (1). Certains produits sont plus particulièrement atteints : ce sont les breuvages, vin, cidre et cervoise vendus au détail, ils payent 1/8ᵉ, c'est-à dire 2 sols 6 deniers pour livre dès 1383 En 1384 les droits prélevés par le fisc royal montent à 1/4ᵉ, soit 5 sols pour livre, d'où le nom donné à cette imposition de quatrième des vins et menus breuvages (2). Ce dernier taux dut être certainement le plus fréquent, nous le trouvons signalé en 1396, 1397, 1401 à Caen, pour le cidre, 1410 à Fécamp pour le vin, 1412 à Evreux pour le vin, 1414 à Saint-Hilaire-du-Harcouet, etc , etc. (3). Il est évident que la Normandie devait beaucoup souffrir de ces charges : le commerce et le débit des vins de la Bourgogne et du centre y étaient considérables ; la cervoise était la boisson ordinaire des paysans dans le Haut-Pays et le cidre dans les bailliages de Caen et du Cotentin.

Ce qui prouve bien les funestes effets de ces impositions trop lourdes en pareil temps, c'est la misère de ceux qui en ont affermé la perception. Partout on trouve des fermiers royaux qui ne peuvent satisfaire à leurs engagements. Ils restent débiteurs du roi pour des sommes considérables. On n'achète plus, on ne débite plus de vins et autres liquides ; le prix de la ferme dépasse de beaucoup les recettes possibles. Ainsi un habitant de Saint-Hilaire-du-Harcouët ne peut payer les 204 livres tournois prix de la ferme du quatrième des vins dont il a été le dernier enchérisseur en 1413 ; à la fin de l'année il doit encore 140 livres tournois (4). Il en est de même pour les grosses

(1) *Ordon.* VII. 186. — Bibl. nat. *Fds fr.* 23,700, 170.
(2) *Ordon.* VII. 186, 748.
(3) Bibl. nat. *Fds fr.* 23,706, 423, — 23,707, 413, 180, — 23,700, 714, etc.
(4) Bibl. nat. *Fds. fr.* 23,709, 714.

fermes, pour celles qui d'ordinaire enrichissent les acquéreurs, le 12e pour livre des bêtes à quatre pieds au Neubourg, le 12 des draps à Evreux, le 4e des vins à Rouen (1) ; les petites fermes à Fécamp, à Damville, à Cocherel, à Saint-Aubin-sur-Mer, à Breteuil, à Trevières, ne sont pas plus heureuses (2). Quelquefois le fermier, comme un joueur qui veut réparer ses pertes, reprend l'année suivante la ferme qui l'a déjà ruiné, comptant que de meilleures recettes combleront le déficit, et il ne fait d'ordinaire qu'aggraver sa situation (3). Le plus souvent les agents royaux procèdent contre le fermier débiteur avec une grande rigueur : ils l'enferment, le laissent végéter ou mourir en prison avec ses « pleiges et ses parçonniers » ; ils vendent ses biens-meubles, saisissent ce qu'il peut avoir de terres et jettent sa femme et ses enfants sur la grande route. Ainsi Lorence, veuve de Jehan Le Boursier, qui a été fermier au diocèse d'Evreux est restée seule, sans ressources, avec quatre petits enfants ; son mari qui devait encore 100 l. t. au roi a été mis en prison et y est mort après une réclusion de neuf mois ; elle est dans le plus profond dénûment, en danger de mourir de pauvreté et de faim, elle et ses enfants (4). Très nombreuses sont les requêtes ou humbles supplications adressées par ces fermiers au roi qui leur accorde assez souvent réduction ou délai. Ce n'est pas tout : pour que les lettres royales faisant remise des sommes dues, soient exécutées, il faut encore attendre la bonne volonté des « généraux sur le fait des aides », puis des élus et des receveurs. Les supplications sont parfois touchantes par leur humble tristesse ; telle est la suivante de 1408 :

« A Nosseigneurs les generauls,

Supplie humblement Guillaume du Bost, dit Nipiville, poure homme chargié de femme et de IX poures enfans, prisonnier dès un an et plus ès prisons de Monstrevillier, comme pour les

(1) Bibl. nat. *Fds. fr.* 23.709, 661-26.038, 4,482, 4,490.
(2) Bibl. nat. *Fds. fr.*, 23,708, 609, 633, 639-23,709, 670, 671, 672, 697.
(3) Bibl. nat. *Fds. fr.* 26,038, 4,482, 4,490.
(4) Bibl. nat. *Fds. fr.* 23,709, 679.

grans pertes qu'il a eues les années passées en plusieurs fermes qu'il a tenues en l'élection et recepte de Monstrevillier, ledit suppliant soit demouré en grans restes et pour ce aient esté vendus les biens de lui et de ses pleges et leurs corps emprisonnés, où ils sont en péril de finer douloureusement leurs jours, surquoy le roy, nostre sire, aiant pitié et compassion dudit suppliant, lui a par ses lettres cy attachées quitté II c. l. t. sur ce qu'il peut devoir en la dicte recepte des fermes qu'il a tenue l'année passée, si vous plaise, nos très redoubléz seigneurs, extendre vostre charitable grâce vers le dit suppliant, en lui expédiant les dictes lettres à plain, ou autrement il est en voye de périr es dictes prisons, et que sa femme et ses enfans aillent mendier leurs vies a val le pais; et se présentement ne vous plaist lui faire ceste grâce, plaise vous mander aux esleus et receveur de Monstrevillier que de et sur le contenu des dictes lettres, ilz se informent et l'informacion faicte, yceul vous renvoyent, pour sur ce pourveoir audit suppliant, et cependant leur mandez que ilz eslargissent des prisons ledit supsuppliant jusques à la Toussaint, afin qu'il puist pourchacier ceste besoigne. Si ferez bien et aumosne, et ledit suppliant priera Dieu pour vous (1) ».

D'autres charges financières sont également devenues permanentes: c'est surtout le cas de la gabelle. Elle n'est pas moins pénible que les impositions précédentes. Le roi a le monopole de la vente du sel: sauf de rares exceptions, c'est à ses greniers que les marchands de sel doivent apporter leurs produits et les consommateurs prendre ce qui leur est nécessaire; là un droit, ou plutôt, un bénéfice pour le roi s'ajoute à la valeur primitive et normale du sel. Ce droit est fixé, en 1383, à 20 francs d'or (264 fr. 80, valeur absolue, environ 1,900 fr. valeur relative) (2). Encore arrive-t-il que bien souvent, dans certains greniers, une crue de 2 ou 3 francs est ordonnée au profit des marchands et du roi, par exemple à Caudebec, à Alençon, à Belleame en 1394; à Verneuil, à Louviers, à Gisors en 1408 (3); la crue monte jusqu'à 4 francs à Caudebec en

(1) Bibl. nat. *Fds fr.* 26,036, 4,131.
(2) *Ord.* VII, 746.
(3) Bibl. nat., *Fds fr.*, 25,706, 245. — 25,707, 371,372. — 25,708, 614, 615, 616.

1394; à 12 francs à Dieppe et à Lisieux en 1405 (1); voire même jusqu'à 20 francs pour tout le royaume en 1388 (2). De plus, l'exécution des ordonnances et instructions sur la vente du sel se faisait avec une grande rigueur. Les habitants du bord de la mer, en particulier, sont exposés aux fréquentes vexations de l'exercice. Ainsi, des commissaires du grenier à sel de Pont-Audemer, agents zélés et heureux, reçoivent, en 1407, cinquante sous de récompense pour avoir découvert et saisi dans plusieurs maisons diverses quantités de sel non gabellé (3). Quelle que soit la misère générale, il est donc imprudent de se soustraire à cette dure exaction, qui frappe aussi gravement le pauvre laboureur, le simple apprenti que le riche propriétaire ou le gros marchand.

Ce ne sont là encore que les charges financières que nous avons appelées régulières. Restent les impositions extraordinaires. Un voyage du roi, une expédition lointaine, le mariage d'une fille de France, plus souvent la guerre des Anglais ou des Armagnacs exigent en outre des ressources devenues ordinaires, des sommes considérables qu'il faut fixer d'avance et réunir rapidement. Ce sont des aides ou tailles, réparties directement. Le conseil du roi détermine sur le chiffre total la part de chaque élection; dans chaque élection les élus déterminent la part de chaque paroisse. Voici, depuis 1383, les renseignements que nous avons pu réunir sur les diverses tailles levées en Normandie; encore que bien incomplets, ils suffisent à prouver la fréquence et le poids de ces impositions extraordinaires :

1383-85. — Au dire de Pierre Cochon, dans cet intervalle « furent « cueillies et levées en France et en Normandie par nombre « XV tailles, dont tout le povre peuple fut tout essillié et des- « truit ». Le chiffre est évidemment exagéré.

1383. — 3 mai : 3,628 l. t. au diocèse et élection d'Avranches.

1387. — 1re aide, 12 juillet : 6,034 l. t. pour l'élection d'Arques; 8,867 livres pour l'élection de Montivilliers.

(1) Bibl. nat., *Fds fr.*, 25,703, 563, 530.
(2) *Ordon.* VII, 186.
(3) Bibl. nat., *Fds fr.*, 26,035, 3,858.

— 2e aide, 19 décembre: 5,300 l. t. au diocèse et élection de Bayeux; 5,800 l. t. pour l'élection de Montivilliers.

1388. — 24 mai, 11,000 l. t. pour l'élection de Montivilliers.

1396. — Aide pour le mariage de la fille du roi avec Richard II, 28 mars: 15,000 l. t. pour l'élection de Caen.

— Crue ou augmentation de l'aide, 7 septembre: 10,000 fr. pour l'élection de Caen; 9,000 fr. pour l'élection de Séez.

1401. — Samedi, veille de Pentecôte: 40,000 l. t. pour l'élection de Rouen.

1404. — 23 janvier: 11,250 l. t. au diocèse de Séez; 30 janvier: 13,750 l. t. pour l'élection de Montivilliers; 22,500 l. t. pour l'élection d'Evreux; 40,000 l. t. pour l'élection de Rouen; 1,234 l. t. pour la ville d'Harfleur.

1406. — 31 août: 5,300 l. t. pour l'élection de Caen et Falaise; 13 septembre: 16,800 l. t. pour l'élection de Rouen.

— Crue de l'aide, 16 septembre: 10,200 l. t. pour l'élection de Rouen.

1410. — 28 mars: 15,000 l. t. pour l'élection de Rouen.

1412. — 1re aide, 13 février: 16,000 l. t. pour l'élection de Gisors.

— 2e aide, 26 septembre: 5,600 l. t. au diocèse de Bayeux; 10,000 l. t. pour l'élection de Coutances; 30,000 l. t pour l'élection de Rouen.

1414. — Aide générale de 600,000 l. t. 23 mars: 12,000 l. t. pour l'élection de Bayeux.

— Crue de 300,000 l., 14 juin: 8,000 l. t. pour l'élection de Gisors; 16,000 l. t. pour l'élection de Rouen.

1415. — Juin: 17,800 l. t. pour le Cotentin; 4 septembre: 24,000 l. t. pour l'élection de Coutances.

1416. — 26 juillet: 80,000 l. t. pour l'élection de Rouen (1).

D'après cette liste, les impositions semblent redoubler et s'augmenter en même temps que la guerre renaît de toutes parts et ruine plus que jamais la province. Mais le gouvernement royal n'en tient compte : il lui faut de l'argent et il exige que l'on paye beaucoup et très vite. Une aide, annoncée le 26 septembre 1412, doit être apportée et remise à Paris le 25 octobre, à peine un mois plus

(1) Bibl. nat., *Fds fr.*, 25,706, 160, 161, 171, 183. — 25,707, 415. — 25,709, 658, 659, 669, 708, 710, 711, 716, 743. — 21,453, 3. — P. Cochon, *Chronique normande*, 181, 204, 210, 261. — *Invent. des Archives municip. de Rouen*, 23, etc., etc.

tard (1). N'est-ce pas assez pour épuiser le pays, ruiner les paroisses, aggraver partout la misère?

Il semble que ces charges pourraient suffire ; mais il faut compter aussi les impositions locales. Ces impositions sont en général extraordinaires, rendues tout-à-coup nécessaires par des circonstances imprévues. Ainsi, après la Harelle et les séditions suivantes Rouen avait été condamné à 100,000 l. t. d'amende, « dont la ville fut très grandement apovryée, dit Pierre Cochon. Ainsi est le villain chastié par le cul de sa bourse » (2). En 1389, la perception de l'amende n'était pas encore terminée. La même année, il faut 6,000 fr. pour indemniser Olivier Duguesclin de la perte d'un prisonnier que lui a enlevé le roi (3). En 1388, les ravages des Anglais dans le Cotentin exigent la levée immédiate de 2,600 fr. pour payer des renforts aux troupes françaises (4). En 1393, l'acquisition de Cherbourg coûte 30,000 fr. à la Normandie (5). Dans les villes, des taxes particulières deviennent à peu près annuelles et régulières. C'est ce qui arrive à Rouen : aux impositions royales, une aide urbaine vient encore s'ajouter ; elle frappe les liquides et monte, en 1389, à 10 sols pour queue de vin, 5 sols pour queue de cidre et 20 deniers pour baril de cervoise ; certaines années même, comme en 1390, 1391, 1394, le taux est élevé à 15 sols pour le vin, et 2 s. et 6 deniers pour la cervoise (6). Toutes les villes fortifiées sont dans ce cas : à Dieppe, à Honfleur, à Fécamp, à Falaise, etc., le roi autorise des impositions locales pour organiser la défense, réparer et entretenir les murs. — Pour être complet, il faudrait citer, en outre, les mille droits domaniaux que le roi continuait toujours à percevoir, et qui contribuaient, pour leur part, à l'appauvrissement général. Tels étaient les droits qui composaient les revenus de la vicomté de l'Eau de Rouen. On faisait même revivre des droits oubliés depuis quelques années : en 1399, Colart d'Estouteville

(1) Bibl. nat., *Fds fr.* 25,709, 659.

(2) P. Cochon, *Chronique Normande*. p. 168-169.

(3) Bibl. de Rouen, Y 29, II, 106.

(4) Bibl. nat., *Fds fr.*, 22.431, 7,9.

(5) D. Lebom. *La Normandie, pays d'Etats*, p. 61. — Bibl. nat, *Fds fr.* 25,707 858.

(6) *Invent. des Archives municipales de Rouen*, t. I, 1-42.

remarque que, depuis quatorze ans, les habitants de la vicomté d'Arques n'ont pas payé le « motage » dû tous les sept ans au château d'Arques ; il obtient des lettres royales qui ordonnent de percevoir 10 s. par feu ; quatorze paroisses font une résistance stérile et bientôt brisée (1). Ce qu'il faut surtout remarquer, c'est la quantité et l'importance de toutes ces charges. Lourdes déjà et capables d'épuiser un pays tranquille et prospère, elles sont, pour la Normandie, après un demi-siècle de guerre, vraiment insoutenables.

Il semble qu'on ne saurait en épuiser la liste : à côté de ces impositions, de ces taxes de toutes sortes, se placent encore les charges militaires qui enlèvent les paysans à leurs champs, les ouvriers à leur métier. Le service, aux armées du roi, fait surtout par les nobles, par ceux qui ont « accoutumé de s'armer » n'est pas, pour le menu peuple, ce qu'il y a de plus fâcheux. Ce qui est écrasant et désastreux, c'est le guet, nécessaire dans toutes les places fortifiées. Ce service avait bien été modéré, supprimé même par l'ordonnance du 28 mars 1396 ; mais il était maintenu par exception « ès forteresces qui sont ès frontières..... et près des forteresces que tiennent nos ennemis, et droitement sur la mer », ce qui s'appliquait en somme à toutes les villes fortes de Normandie (2). Du reste, dans une ordonnance du 22 octobre 1399 cette exception est précisée ; le roi veut que, en Normandie, comme sur la Loire, la Somme, etc., « soient faiz diligemment guet et garde de jour et de nuit par les habitants des lieux » (3). Dans les grandes villes, entourées d'une longue enceinte, avec de nombreuses portes, le guet est fort pénible. A Rouen, en 1407, 29 novembre, on ordonne guet de nuit et de jour avec 6 hommes de jour et 4 hommes de nuit à chaque porte ; il y a de plus un « guet errant aval la ville, » de 80 hommes toutes les nuits. Le capitaine de Rouen doit faire faire le guet de nuit « par gens seurs, noctables d'icelle ville tant de justice comme arbalestriers. » Il s'informe de ceux qui savent tirer de l'arbalète et leur impose le serment « que si

(1) Deville, *Histoire du Château d'Arques*, p. 160, 371.
(2) *Ordon.* VIII, 61.
(3) *Ordon.* VIII, 336.

besoing estoit, ils fussent devers lui prests où il sera dit. » Il se produisait nécessairement de vives résistances, mais on passait outre: il est décidé, le 8 septembre 1411, « que l'on contraindra bourgóis noctables de la ville qui se veullent exempter d'aler à la porte et au guet. » A cette date, il fallait 12 hommes de garde à chaque porte pendant le jour; les gens d'église étaient même requis de fournir le service (1). Dans les places fortes de moindre importance, où les habitants ne suffisent pas, il est de coutume de faire participer au guet les gens du plat pays qui viennent se réfugier dans l'enceinte de la ville, et la charge est bien plus lourde encore pour ces derniers. Les habitants de la sergenterie de la Ferté-Macé sont contraints de faire le guet au château de Falaise, trop éloigné cependant pour leur servir d'abri; ils protestèrent en disant: « Nous sommes résidants et demourants en si loingtaines parties, que ne pourrions bonnement avoir aucun refuge au chastel de Faloise, en estant demourans les uns à dix, neuf, huict et sept lieues. Il y a autres chasteaulx prouchains de nous où pourrions avoir refuge que au chastel de Faloise, comme le chastel de Danfront. » Mais leurs arguments ne touchèrent pas les officiers royaux, et, pour leur refus, ils « avoient esté batuz, navrés, liés, mis es grésillons, liés de cordes en contre-bancs, tables ou fourures, amenés prisonniers en lours chemises, au chastel de Faloise, mis en obscures et destroictes prisons, à peu de boire et mengier (2).

Charges militaires, charges financières, guerres et invasions perpétuelles, tout accable les habitants de la Normandie: c'est plus qu'il n'en faut pour ruiner rapidement la province la plus riche.

## IV

Une suite nécessaire de tous ces faits, c'est l'état lamentable de l'agriculture et du commerce qui faisaient vivre la Normandie et l'enrichissaient même cent ans auparavant.

L'agriculture est particulièrement malheureuse. On a vu combien les guerres enlèvent toute sécurité aux paysans; il faut abandonner

(1) *Invent. des Archives municipales de Rouen*, I, 31, 33, 43, 44.
(2) Floquet, *Histoire du Parlement de Normandie*, I, 193.

le plat pays pour se réfugier dans les endroits fortifiés ; les récoltes sont chaque jour exposées aux ravages des ennemis, aux prises royales ; les animaux sont enlevés par les gens de guerre, etc. Aussi les terres cultivées diminuent ; la grande activité de défrichements qui a marqué le XIII<sup>e</sup> siècle et la première moitié du XIV<sup>e</sup> a complètement cessé. Il semble même que bien des terres voisines des forêts retournent à leur état primitif : en 1388, les religieux de Mondaye qui n'ont plus assez de bras à leur disposition, se plaignent avec tristesse de l'envahissement de leur fief-ferme de la Haie-Guyon « toute pleine de feugère et de génetais » (1).

En général, une quantité considérable de terres reste, non point en jachères régulières, mais complètement en friche. Tous ces paysans que nous avons vus quitter leurs villages, se réfugier dans les bois ou dans les villes fortes, ont laissé derrière eux leurs récoltes et leurs champs. M. de Beaurepaire cite de nombreux exemples de cette disparition de toute culture (2) : à Auvilliers, 1404, un demi-acre de bois a poussé à la place d'un manoir ; — au fief de Tosny, châtellenie d'Andely, un espace de 180 acres est envahi par les broussailles en 1406 ; — au fief de Bières, à Moyville, vicomté de Breteuil, en 1404, 150 acres restent sans être labourés ; — sur un fief de Chambray, il y a, en 1399, « 50 acres de terre qui ne furent labourés passé à 50 ans » ; — au fief de Tourneville, 10 acres sont « escrues en genoys, en hayes et en buissons » ; — au fief de Sourthoville, vicomté de Valognes, « 60 acres, dont anciennement la greignour partie estoit à labours et souloient valoir communes années 10 l. t. par an, de présent 100 s. t. pour ce que par la fortune desdictes guerres la greignour partie en est en ruyne, en bois, en buissons et en non-valoir ». En avril 1410, le Chapitre de Rouen est obligé de s'entendre avec 15 personnes, pour « effeuguerer » les terres qu'il possède à Roumare, en cinq ou six années.

Si tant de terres restent ainsi en « non-valoir », c'est qu'il est très difficile de les donner à bail et de les faire exploiter. Aux enchères,

(1) MADELAINE. *Histoire de l'Abbaye de Mondaye*, p. 153.

(2) DE BEAUREPAIRE. *Notes et documents concernant l'état des campagnes de la Haute-Normandie dans les derniers temps du Moyen-Age*, p. 294-95.

les concurrents, quand il y en avait, n'étaient ni nombreux, ni empressés. Il fallait encourager les fermiers en leur promettant des avances. M. de Beaurepaire cite des emprunts faits au bailleur pour acheter depuis les charrues, jusqu'aux plus simples ustensiles de ménage (1). D'ordinaire, le propriétaire était obligé de faire d'importantes réductions qui diminuaient son revenu. Les religieux de Mondaye racontent, en 1388, comment, depuis trente ans, l'arpent de terre baillé à 16 boisseaux de froment par an, ne peu plus l'être désormais qu'à 4 boisseaux, « et encore ne trouve l'on qui à ce prix le veuille prendre » (2). A la fin du XIVe siècle, l'archevêque de Rouen est obligé de décider que ses vassaux sur plusieurs de ses terres ne lui paieront plus que 5 s. l'acre au lieu de 7 s. (3). Il arrivait aussi que le fermier, misérable et découragé, s'en allait et abandonnait son exploitation au milieu de son bail. Dans les baux de cette époque, on prévoit les prises royales, les pillages des gens de guerre et la disparition des fermiers. Il était si difficile de remplacer ceux qui partaient pour ne plus revenir, que les propriétaires aimaient mieux céder et consentir les réductions qu'on leur demandait; ainsi, le prieur de l'Hôtel-Dieu de Caen est menacé de la sorte et obligé de réduire une rente de 18 à 12 boisseaux de froment (4).

Ce qui complique encore la situation, c'est que quantité d'exploitations agricoles bien organisées ont été anéanties par les ravages de la guerre. On a vu que partout des maisons, des villages entiers avaient été pillés et brûlés. Les granges sont démolies; on ne saurait imaginer la quantité de « manoirs » ruinés que signalent les documents (5); il en est de même des moulins, des viviers, des colombiers, etc.; bien souvent on n'en saurait retrouver même la place. Le matériel n'est pas plus à l'abri que le fond ou ses produits; les animaux meurent ou sont volés; les arbres à fruit sont abandonnés. En 1412, les Anglais coupèrent, en

(1) DE BEAUREPAIRE. Op. cit. p. 8 et 9.

(2) MADELAINE. *Histoire de l'Abbaye de Mondaye*, p. 153.

(3) DE BEAUREPAIRE. Op. cit. p. 292.

(4) LÉCHAUDÉ D'ANISY, t. II, p. 392 (n° 161).

(5) DE BEAUREPAIRE, Op. cit. p. 293,

Basse-Normandie, tous les pommiers qu'ils trouvèrent (1). En général, le passage des ennemis laissait le moindre manoir dégarni de tout ce qui se pouvait prendre. Une autre difficulté, c'est de se procurer les serviteurs, garçons ou valets de ferme nécessaires à la culture; ceux que l'on peut trouver, à cause de leur petit nombre, demandent des prix exorbitants (2). Les Prémontrés de Mondaye se plaignent que « s'en sont fuiz en estranger païs ceux qui cultivoient les terres, où ilz ont appris aultre mestier et de présent l'en ne puet trouver serviteur pour cultiver et labourer les terres, qui ne vueille plus gaigner que six serviteurs ne faisoient pour lors qu'ils prendrent ladicte fiefferme..... et n'ont de quoy vivre, se eulz ne labourent leurs terres ».

Le commerce souffre à peu près autant que l'agriculture : les guerres, les impôts ont pour lui les mêmes effets désastreux. Les corporations végètent ou disparaissent; les marchands n'osent circuler; les droits qui frappent leurs transactions deviennent énormes. La Normandie dont l'activité était proverbiale, qui avait étendu si loin ses relations commerciales, semble frappée de paralysie. Un premier symptôme nous est fourni par les nombreux règlements sur les métiers qui datent du règne de Charles VI. On cherche par des dispositions nouvelles, plus libérales ou plus protectrices à entretenir cette vie qui s'en va : ce sont de nouveaux statuts pour les teinturiers (1395), les filassiers (1390) les faiseurs de cardes (1397), les tisserands (1398), les tailleurs (1398), les couvreurs (1400), les gainiers et les tondeurs de draps (1402), les chandeliers (1403), les tireurs de fil de fer (1382), les courtiers de vin (1405), les ciriers (1412), les buchiers et les balanciers (1416), de la seule ville de Rouen. C'est encore à Rouen que l'on admet en 1409, après examen les ouvriers des autres villes, dans l'espérance de donner une nouvelle activité à l'industrie rouennaise (3).

La détresse fait réglementer également et surtout entraver plus

(1) De la Rue. *Essais sur Caen*, II, 239.

(2) Delisle. *Etude sur la condition des classes agricoles en Normandie*, etc., p. 28.

(3) *Ordon.*, t. VII, 116, 338, 632, — t. VIII, 141, 29, 339, 387, 504, 507, 597, — t. IX, 67, 413. — X., 39, 550).

que jamais le commerce des blés. En 1398, 1408 et 1410, par exemple, il est défendu par lettres du roi de laisser sortir les grains du royaume ou seulement de la Langue d'oil. L'opinion populaire encourage énergiquement ces mesures : lorsqu'il y a renchérissement, elle l'attribue aussitôt non à l'infériorité de la récolte, mais à de trop grandes exportations. En 1410, le peuple de Rouen en est tout ému, et il faut interdire les « assemblées du peuple » qui s'organisent à ce propos sous peine de la hart ; mais quiconque apprendra quelques tentatives d'exportation, est invité à la déclarer. Trois jours après 50 muids de blé étaient en effet amenés par la Seine, pour être portés au Mont Saint-Michel ; le passage fut interdit, et pour se débarrasser de sa cargaison, le marchand dut la recéder au Conseil de la ville avec un très maigre bénéfice (1).

Une des preuves du triste état du commerce normand, sur laquelle il est inutile d'insister, c'est la ruine et la misère fréquentes des fermiers d'impôts dont il a déjà été parlé. Les taxes indirectes qui frappent la vente et l'achat de toute marchandise donnent constamment de plus faibles recettes. Il s'agit pourtant de produits d'une consommation permanente et assurée : c'est 1/4 des vins, des cervoises, des cidres et menus breuvages, ce sont les 12 den. pour livre des bêtes à quatre pieds, c'est l'imposition de la boulangerie et de la bleyerie, ce sont celles des draps, de la pelleterie, de la halle au blé de Caudebec, de la gabelle des menus sels aux marais de Touques, etc. (2).

Les plaintes des fermiers sont parfaitement justifiées. Il est des localités où on ne vend même plus de menues denrées ; à Trevières, on a été quatre ou cinq mois sans débiter de vin (3). Dans les localités où se tenaient de grands marchés, les pertes sont encore plus sensibles. Au Neubourg, il y avait d'ordinaire, surtout en septembre, un grand marché de bestiaux : il y venait des marchands de Bretagne, du Cotentin, de Caen, pays d'élevage ; ils amenaient un grand nombre de bêtes à quatre pieds qu'ils vendaient

(1) *Ordon.*, IX, 512. — *Invent. des Archives municipales de Rouen*, t. I, p. 33, 39, — 40.
(2) Bibl. nat. *Fonds fr.* 25,707, 509, — 25,708, 635, — 26,038, 4,400, etc.
(3) Bibl. nat., *Fds fr.*, 25,709, 678.

aux marchands de Rouen, d'Evreux, du pays de Caux et même de Paris. En 1411, il n'est venu presque personne (1). Le commerce des draps n'est pas plus heureux. Evreux, à cet égard, était un grand centre: on y voyait en juillet, août et septembre des marchands du Lyonnais, de l'Auvergne, du Languedoc, de Bourgogne, du Haut-Pays; comme au Neubourg, en 1411, personne n'est venu et le marché a été nul (2). En 1408, le hâvre si actif de Fécamp est resté vide; il l'est encore en 1410 (3).

Les faits les plus intéressants de ce genre se passent à Rouen et sur la Seine en 1411. Malgré la paix de novembre 1410, à Bicêtre, la lutte devait reprendre bientôt avec une vivacité et un acharnement qu'elle n'avait point encore connu entre Bourguignons et Armagnacs. Dès le mois de juillet de l'année suivante, des gens d'armes apparaissaient sur le pays, surtout dans la vallée de la Seine et se réunissaient en troupes. Le 18 juillet les enfants d'Orléans envoyaient un défi au duc de Bourgogne, qui y répondait le 13 août; c'était le commencement des hostilités. Peu de temps après, sans doute vers la fin de septembre, arrivèrent des lettres royales qui défendaient, sur les rives de la Seine, « que nul ne fust si hardi de monter ne avaler aucun batel ne vessel par icelle rivière » (4); ordre était donné de « arrester et faire admener aux fossez d'auprès le chastel dudit lieu de Pont-de-l'Arche tous les vesseaulx estans en ladicte rivière, tant grans que petis pour illeq este enfondrez afin que en iceuls ne passast aucuns gens d'armes ou autres par ladicte rivière » (5). Nous voyons, en effet, au début d'octobre, deux sergents royaux du Pont-de-l'Arche et de Fresnaye parcourir pendant deux jours les rives du fleuve depuis le port de Muids (6) jusqu'à Rouen pour exécuter les commandements du roi. C'était ruiner du même coup le commerce rouennais, qui se faisait presque entièrement par eau, et surtout le commerce de vins, la principale richesse de la ville. On apportait aux quais de

(1) Bibl. nat., *Fds fr.*, 26,038, 4,482.
(2) Bibl. nat., *Fds fr.*, 26,038, 4,490.
(3) Bibl. nat., *Fds fr.*, 25,708, 609.
(4) Bibl. nat., *Fds fr.*, 25,709, 661.
(5) Bibl. nat., *Fds fr.*, 26,038, 4,516.
(6) Muids, commune du canton de Gaillon, département de l'Eure.

Rouen des vins de Bourgogne, dits de Beaune ou d'Auxerre, des vins du Poitou, de l'Anjou, du Maine, de France, voire même de Normandie, car alors elle possédait encore des vignobles. Là les marchands d'Angleterre, de Flandre, de Bretagne, de Basse-Normandie venaient faire de très gros achats. D'autres produits donnaient lieu également à de grandes transactions : les harengs et autres poissons salés, le sel, les laines, les métaux, les cuirs, les pelleteries, etc., etc. Par suite des ordres royaux toutes les affaires se trouvaient suspendues ; on dirait que la vie a cessé brusquement à Rouen. Les frères Alorge et leurs associés, qui avaient pris la ferme du quatrième des vins à 4,500 l. t., n'ont pu rien recouvrer aux mois d'octobre et de novembre. Tout a conspiré contre eux : la récolte s'annonçait comme très abondante au pays de France, mais les habitants, par peur des gens d'armes, se sont enfuis de leurs maisons sans avoir fait les vendanges. Puis la circulation sur la Seine a été interrompue ; quelques vins chargés hâtivement ont bien pu encore être amenés à Rouen ; quelques marchands sont aussi venus de Flandre, de Picardie, de Normandie, pour faire leurs acquisitions ordinaires. Mais le mardi 16 novembre, les défenses et arrêts précédents ont été renouvelés par le bailli, et aucune sortie n'a été possible désormais. Malgré leurs grandes ressources, les frère Alorge sont « en voye d'estre du tout déçus et mis à poureté et fuitis du pays » (1).

La Vicomté de l'Eau n'est pas moins éprouvée. Au commencement du siècle ses recettes étaient magnifiques : 1301, recette : 8,416 l. 31 s. 10 d. — 1305, recette : 8,188 l. — 1311, recette : 6,801 l. 2 s. 11 d. — 1346, recette : 6,197 l. 16 s. 7 d. La ferme des droits qu'elle représentait s'élevait au prix de 5.866 l. 18 s. 10 d. en 1327, 4,800 l. en 1346, 5,166 l. 13 s. 4 d. en 1353, 4,200 l. t. en 1355, 4,666 l. t. en 1407 (2). En 1410, à la Saint-Michel, quand il n'y avait pas encore d'hommes d'armes sur les champs, elle fut adjugée à près de 12,000 l. t. pour trois ans, soit environ 4,000 l. t. par an, chiffre inférieur à tous les précédents. En 1411, les fermiers ne purent rien percevoir à

(1) Bibl. nat., *Fds fr.*, 25,709, 661.
(2) De Beaurepaire. *La Vicomté de l'eau de Rouen*, p. 66, 71.

partir de septembre. Incapables de satisfaire à leurs engagements, menacés de la ruine, ils supplièrent probablement le roi de leur accorder une réduction ou un sursis. Nous avons un fragment intéressant de l'enquête ouverte à ce sujet (1). Robert le Forestier, marchand de vins, rapporte comment, en 1410, la tranquillité apparente du royaume fit monter les enchères des fermes ; mais en juillet 1411, on apprit qu'il y avait guerre menée et ouverte en France, que les seigneurs avec de nombreux hommes d'armes, appelés par le roi, étaient passés de l'autre côté de la Seine au grand effroi du pays. Puis les lettres royales interdisant la Seine à toute espèce de bateau avaient été mises à exécution. Robert le Forestier le savait par expérience personnelle : « Et le scet-il parce que lui-meismes avoit une nef en la dicte rivière au port de Caumont, laquelle chargoit de buches pour l'ostel du roy, et estoit bien demie chargée, mais ce nonobstant, sa dicte nef en vertu dudit cry et ordenance, fu amenée en icelle estat aux kays de ladicte ville de Rouen » Il rappelle encore que le terreur des gens d'armes a duré plusieurs mois pendant que les Armagnacs et les Bourguignons se battaient aux environs de Paris, à Saint-Denis et à Saint-Cloud, de juillet à la moitié de novembre. Ces mois sont précisément ceux qui d'ordinaire rapportent le plus aux fermiers ; mais les affaires ont été totalement suspendues. Après la prise du pont de Saint-Cloud par les Bourguignons, rien n'a été changé ; aucun marchand n'est venu à Rouen ; aucun marchand de Rouen n'a vendu hors de la ville, même en Basse-Normandie. Le témoin déclare que lui « le scet-il qui parle, parce qu'il est et a esté toute sa vie marchant, mais en icelle temps, il ne se oze onques bougier de ladicte ville de Rouen. » Dans les pays de vignobles les vendanges ont été abandonnées et détruites. C'est ainsi que les recettes de la Vicomté ont été si sérieusement atteintes. L'avenir ne semble pas être plus brillant : « Les dis fermiers sont bien tailliéz de faire une très grant perte sur l'année qui commencera à la Saint-Michel (1412)... Selon ce qu'il puet jugier

(1) Bibl. nat. *Fds fr.* 26,038, 4489.

par expérience et vraysemblance ... il luy semble en sa conscience que... iceulx fermiers sont taillies à perdre de leur propre en icelle ferme de VII à VIII $^{x}$ l. pour les trois ans qu'ils l'ont tenue et à tenir.» Le témoin proteste qu'il n'a aucune envie de la ferme : « et prent sur sa conscience qu'il ne vouldroit pas que l'en lui donnast à lui et à ses trois compaignons qu'icelle ferme mistrent à prisX $^{x}$ l.» — La déposition de Pierre de Quenouville est analogue. Il rappelle la paix générale du royaume au moment de l'adjudication des fermes : il invoque encore à cet égard son expérience personnelle, etc. L'enquête, qui n'existe plus qu'à l'état de frangment s'arrête brusquement au milieu de cette déposition. Du moins les renseignements qu'elle nous donne, si mutilée qu'elle soit, montrent clairement comment de la manière la plus brusque et la plus imprévue, à cette triste époque, toute l'activité commerciale d'un pays pouvait se trouver arrêtée. Pour cette Normandie, vivant tout entière de son commerce et de son agriculture, c'était bien la misère.

## V

De tels faits, de tels exemples que l'on pourrait réunir en bien plus grand nombre suffisent à prouver par le détail cette universelle souffrance qui fut au royaume de France sous Charles VI. Ils nous affirment en même temps la sincérité de ses cris d'angoisse jetés par les plus illustres contemporains. Certes la rhétorique a orné leurs développements, mais le fond reste bien vrai et bien senti. Ce ne sont pas seulement des chroniqueurs dans de rapides passages, comme le Religieux de Saint-Denis, Jouvenel des Ursins ou le normand Pierre Cochon ; ce sont surtout des théologiens et des gens de lettres, si on peut ainsi parler. C'est Eustache Deschamps qui chantait tristement dans ses ballades :

Mortalité, tempest, guerre et famine,

Plaignant avec amertume ceux qui naissent à pareil moment :

Prince, je tien que cet âge est doubteux
Et qu'en péril sont tuit celles et ceulx
Que Fortune a aujourd'huy apportez
En telz périls, en tels péchez mortrieux
Et en telz biens faulx, vains et merveilleux
Ou un chacun languit des confortez (1).

(1) Eust. Deschamps, *Œuvres complètes*, Société des Anciens textes, I, 121, III, 131.

C'est encore Christine de Pisan dans le *Livre de Paix*, dans l'*Epistre à Isabeau de Bavière* où elle supplie la reine de s'intéresser au soulagement de son peuple : « Et tout ainsi comme c'est plus grant charité de donner au povre une pièce de pain en temps de chierté et de famine que tout entier en temps de fertilité et d'abondance, à votre povre peuple, vueillez donner en temps de tribulacion une piecète de la parolle et du labour de vostre haultesse et puissance » (5 octobre 1405) (1).

Les gens d'Eglise sont plus attristés encore et plus précis. Jehan Courtecuisse, qui est à moitié normand, compare le royaume à une mer déchainée, « lequel royaume non mie d'un seul, ne de deux, mais de tous les quatre vens est fort accueilly et environné. » Il énumère les misères du temps : « Quants églises sont fondues par telles exactions, quants collèges deffondés, quantes fois a été fraudé le divin service, quans bons mesnagiers desservis, quans mariages séparés qui failloit que l'un servist d'un costé l'autre d'autre, quantes pucelles ont perdu à estre assennéez... ? » (2).

Dans ses lettres, Nicolas de Clamanges est extrêmement vif : il s'adresse, sous forme de prosopopée, à la France ravagée et misérable (3). Mais sa verve est trop souvent composée de souvenirs classiques et non d'observations exactes. Celui qui nous fait de cette misère le tableau le plus saisissant, le plus vrai, c'est encore Gerson, dans la proposition « *Vivat Rex !* » de 1404. Il y a dans ce sermon, sur les souffrances du royaume, quelques pages pittoresques et mouvementées, qui font honneur à notre vieille littérature : « Las ! un poure homme aura il payé son imposition, sa taille, sa gabelle, son fouage, son quatriesme, les esperons du Roy, la saincture de la Royne, les truages, les chaucées, les passages : peu luy demeure ; puis viendra encore une taille qui sera créée, et sergents de venir et de engager pots et poilles. Le pauvre homme n'aura pain à manger, sinon par advanture, aucun peu de seigle ou d'orge, sa pauvre femme gerra et auront quatre ou six petits enfans au fouyer ou au four, qui par advanture sera chould,

(1) Thomassy, *Essai sur les écrits politiques de Christine de Pisan*, p. 140.
(2) Jehan Courtecuisse, *Sermons*, Bibl. nat., *Fds latin*, 3,546 fo 28, 49 vo.
(3) Nic. Clemangii. *Opera*, p. 180.

demanderont du pain, crieront à la rage de faim. La pauvre mère si n'aura que bouter es dens que un peu de pain où il y ait du sel. Or devroit bien suffire cette misère : viendront les paillars qui chergeront tout : ils trouveront par adventure une poule avec quatre poussins, que la pauvre femme nourrissoit pour vendre et payer le demeurant de sa taille, ou une nouvelle créée, tout sera prins et happé et querez qui paye. Et se l'homme ou la femme en parlent, ils seront vilennez, rançonnez et garçonnez ; se ils veulent poursuivre le payement, ils perdront leurs journées, ils despendront au double, et finablement n'en auront rien : fors par adventure une cédule chantant que on doibt à tel tant ; voire dit l'autre et devra. Que vous semble il que peult avoir pis le pauvre bon homme? peult avoir pis. Certes encore est le plus grief, s'entrebattant gens d'armes qui ne sont point contens de rien prendre où rien n'a, mais menassent de paroles et battront de faict l'homme ou la femme et bouteront le feu en l'hostel s'ils ne rançonnent, et font finances à tort et à travers d'argent ou de vins et de vivres ; je me tais des efforcements de femmes vefves et autres. Ce par adventure semble petite chose pour ce que je ne parle que d'un homme. Croyez tout de certain comme la mort, qu'il y en a mil et mil, et plus de dix mil par le royaume pis demenez que je n'ay dit » (1).

On ne peut rien ajouter à cette émouvante peinture. C'est un contemporain qui parle et la précision des détails en garantit l'exactitude et la sincérité. Le meilleur résultat des recherches précédentes est de s'accorder entièrement avec son précieux et éloquent témoignage.

(1) Gerson. *Harangue faite devant le roi Charles sixième et son conseil en 1404*, 3e édit., Paris, 1824, p. 36.

# APPENDICE

## I

*3 janvier 1401, n. s. — Mandement de Charles VI ordonnant au bailli et aux élus de Caen de faire une enquête sur les pertes subies par Raoul des Jardins, fermier du quatrième des cidres vendus en détail à Caen pour un an, du 1er octobre 1399 au 30 septembre 1400.*

Charles, par la grâce de Dieu roy de France, au baillif de Caen et aux esleux sur le fait des aides ordonnez pour la guerre illec ou à leurs lieutenans, salut. Nous avons receu la requeste de Raoul des Jardins, contenant que comme l'an MCCCIIIIxx et XIX, au moys de septembre, ycellui suppliant eust prins et tenu les fermes du IIIIe des cidres vendus à détail en la dicte ville et faubours de Caen pour un an commancent le premier jour d'octobre, fenissant le derrenier jour de septembre derrenier passé, pour le prins et somme de XIIc l. t., et l'ayde de la dicte ville au fuer l'emplage, et il soit ainsi que environ demy an que il ot tenu les dictes fermes, il survint en ladicte ville de Caen si grant mortalité de épidémie, que une grant partie des gens d'ycelle ville s'en sont fouis hors et les autres qui y demourèrent sont alez de vie à trespassement ou la plus grant partie, parquoy lesdictes fermes, pour ce que estoit le bon de la saison et la graigneur revenue qu'elles devoyent valoir au prouffit dudit suppliant, sont tournées à perdicion et pour les causes dessusdictes n'ont valu ycelles fermes que pou ou nyant, et y a perdu ledit suppliant plus du tiers, parquoy il est en aventure d'estre du tout désert et mis a pouretė, si comme il dit, requérant humblement sur ce nostre provision et grâce, parquoy nous inclinans à sa supplicacion, vous mandons et commettons à chascun de vous qui sur ce premier sera requis, que de en ladicte ville en la somme de V c XL l., l'imposition de cerberie à XXII l., l'imposition de pelleterye à XX l., et audit Gosse et ses compaignons l'imposition de la drapperye illec à IIII c X l., l'imposition des lames ferronerie à LX l. t., à paier icelles sommes de deux mois en deux mois par égal porcion et dont le paiement de deux mois montent à deux cens livres ou environ, et il soit ainsi que le XVe jour de juillet derrenier passé ou environ oudit an, les Anglais feussent à très grant nombre de gens d'armes venus et descenduz à très grant nombre et force de gens d'armes, archiers, canons, trait et autres abillemens pour le fait de la guerre au port et hable et ville dudit lieu de Fescamp, et icelle ville toute pillée et robée depuis le hable illec jusques à la forteresse et l'église dudit lieu de Fécamp, et après ce eussent ars et tout destruit toutes les maisons depuis ledit port jusques à ladicte église, qui monte plus de IIII C maisons toutes les meilleures et où toutes les plus notables personnes, marchans, hostelliers, taverniers tant de vins que de cervoises, mariniers et maistres de nefs demouroient et lesquels faisoient tout le fait de ladicte marchandise et pescherie de ladicte ville qui estoit une des plus notables et proffitables de la coste de Normandye, pour raison de laquelle pescherie et marchandise plusieurs marchans et pescheurs, mariniers et autres personnes de plusieurs estranges contrées venoient et affluoient audit lieu de Fescamp pour illec marchander dont toutes fermes de ladicte ville estoient de très grant valeur, et lesquelles personnes demourans en ladicte ville ainsi prins et du tout desservis, comme dit est, estoient tenuz ausdiz supplians à cause de leurs ventes et achats tant pour eulx que pour leurs hostes, qui tout au long de ladicte année avoient repairié et logié en leurs hostelz et marchandé en ladicte ville, et dont ilz avoient retenu l'imposicion qu'ils devoient ausdiz suppliaus, ainsi qu'ilz avoient acoustumé à faire ou temps passé à très grand somme de deniers et plus que iceulx supplians ne nous doivent pour deux mois de ladicte ferme, nonobstant lesquelles choses iceulx supplians doubtent que par les esleuz et receveur illec ne soient contrains à leur paier les mois de juin et juillet tous escheuz et aussi les mois d'aoust et septembre ensuivans, dont ilz doivent et pourroient devoir trois cens livres ou environ, ce qu'ilz ne et sur ce que dit est, appellez ceux qui seront à appeller, vous vous informez diligemment et ladicte informacion par vous ou l'un de vous faite et parfaicte, vous envoyez féablement à nos amez et féaulx les généraulx conseilliers sur le fait des aides de la guerre, ausquelx nous mandons en commettant, se mestier est, par ces présentes, que ladicte informacion par eulx veue et visitée, pourvoyent audit Raoul des Jardins de tel remède ou grâce comme au cas appartendra et que en leur conscience et loyaultez, nous conseilleroyent que nous le feissions, car ainsi nous le voulons et nous plaist estre fait, et audit des Jardins l'avons octroyé et octroyons de grâce espécial par les présents nonobstant quelxconques ordonnances, mandemens et deffenses à ce contraires.

Donné à Paris le IIIe jour de janvier l'an de grâce mil CCCC, et de notre règne le XXIe.

(Bibl. nat., *fds fr.*, 25,707, n° 480.)

II

7 *septembre* 1410. — *Mandement de Charles VI à Pierre des Essarts, prévôt de Paris et souverain gouverneur des aides, lui ordonnant de faire remise de* 300 *l. t. à Robin le Cerf, Guillaume Gosse et leurs associés, pour compenser les pertes qu'ils ont faites sur diverses fermes tenues par eux à Fécamp, du* 1er *octobre* 1409 *au* 30 *septembre* 1410.

Charles, par la grâce de Dieu roy de France, à nostre amé et féal chevalier, conseiller, maistre de nostre hostel, grant bouteillier de France, Pierre des Essarts, prévost de Paris, souverain gouverneur des finances venans des aides ordonnez pour la guerre, et à noz amez et féaulx les généraulx conseillers sur le dit fait, salut et dileccion. Oye l'umble supplication de Robin le Cerf, Guillaume Gosse et leurs compaignons, du pais de Caux, contenant comme pour ceste année présente commençant le premier jour d'octobre derrain passé et fenissant l'an révolu mil CCCC et dix, aux baux des fermes de Fécamp pour ladite année, les fermes qui s'ensuivent leur feussent demourées comme aux plus offrans et derreniers enchérisseurs, c'est assavoir audit Cerf le IIIIe du vin vendu pourroient faire pour cause que toute la greigneur partie des gens dudit lieu de Fescamp et ceulx qui leur doivent à ladicte cause sont du tout désers et prins des Anglois une très grant partie desdictes gens et partie de ladicte ville sont allez demourer ailleurs, par quoy ils ne pourroient aucune chose recevoir sur eulx, ainsi qu'ilz dient, requérans sur ce nostre grâce et provision, pour ce est-il que nous ces choses considérées, à chascun iceulx supplians et leurs compaignons desdictes fermes, ou cas dessus dit, avons donné et quicté, donnons et quictons de grâce espécial par ces présentes ladicte somme de III c l., si tant en doivent ou au-dessous, si vous mandons... — etc., etc.

Donné à Paris, le VII^e^ jour de septembre, l'an de grâce mil CCCC et dix et de notre règne le XXX^e^

(Bibl. nat. *fds fr.*, 25, 708, 639).

III

10 *janvier 1411, n. s. — Quittance de 4 l. 16 s. 2 d. t. donnée par Jehan Davin, exécuteur de la haute-justice du roi, pour diverses exécutions par lui faites à Avranches.*

A tous ceulx qui ces lettres verront ou orront, Andouin de la Fresnoye, escuier, garde du scel des obligacions de la viconté d'Avranches, salut. Savoir faisons que par devant Philippot le Landois, clerc tabellion en ladicte viconté, fu présent Jehan Davin, exécuteur de la haute-justice du roy nostre sire, qui congnut et confessa avoir eu et receu du roy nostre sire, la somme de quatre livres, seize soulz, deux deniers tournois qui deus lui estoient, c'est assavoir pour sa peine et salère d'avoir batu tout nu par trois jours de marchié un nommé Charles Morin, et lui avoir couppé une oreille pour ses démérites, pour ce par marchié fait à lui, XXX s. t. Et pour une gans et un coutel ad ce faire, II s. t. Item pour avoir exécuté et pendu Olivier Michiel condampné pour ses démeritez, par marchié fait, XXII s. VI d. t. Et pour un gans, X d. t. Item pour avoir ars et exécuté Thomine, vesve de feu Guillaume

Voidie, ad ce condampnée pour la mort de sondit feu mary, par marchié fait à lui pour ce, quarante soulz, et pour un gans ad ce faire, X. d. t. De laquelle somme de IIII l. XVI s. II d. t. dessus-dicte, ledit Davin se tinst pour bien paié et content devant ledit tabellion, et en quicta bien nostredit sire, ledit viconte et tous autres à qui quictance appartient. En tesmoing de ce, ces lettres sont scellées dudit scel. Ce fut fait l'an mil CCCC et X, le X^e jour de janvier.

(Bibl. nat. *fds fr.* 26,037, *n°* 4,400).

## IV

6 *juin* 1411. —*Quittance de* 55 *s. t. donnée par Jehan Lamy, sergent de la garenne de Nonancourt à Jacques Le Renvoisié, viconte d'Evreux, pour avoir pris* 1 *loup et* 6 *louves.*

L'an de grâce Mil CCC et onze, le VI^e jour de juing, devant moy Robert Griffet, clerc tabellion juré en la viconté d'Evreux, fut présent Jehan Lamy, sergent de la garenne de Nonancourt, lequel congnut avoir eu et receu de honorable homme et saige Jacques Le Renvoisié, viconte d'Evreux la somme de cinquante cinq souls tournois pour avoir prins un loup et cinq loupves eu boys de Nonancourt merquedi dernier passé. C'est assavoir pour le loup cinq souls tournois et pour chascune loupve dix souls tournois, qui font ensemble ladicte somme de cinquante cinq souls tournois, de laquelle somme de L V s. t. et pour la cause dessus dicte, ledit sergent se tint a bien paié et content et en quicta le roy nostre sire, ledit viconte et tous autres. En tesmoing de ce, j'ay mis à ceste quictance le signet dudit tabellionnage et mon saing manuel, l'an et jour dessusdit.

(Bibl. nat. *fds. fr.*, 26,038, n° 4,461).

## V

14 *juillet* 1411. — *Mandement des généraux conseillers sur le fait des aides ordonnées pour la guerre au receveur de ces aides à Evreux, lui ordonnant de faire remise de* 200 *l. t. aux fermiers de l'imposition de* 12 *deniers pour livre des bêtes à quatre pieds vendues au Neubourg.*

*pour deux ans, du 1er octobre 1409 au 30 septembre 1411, sur ce qu'ils peuvent devoir encore de ladite ferme.*

Les généraulx conseillers sur le fait des aides ordonnées pour la guerre au receveur sur le fait desdiz aides à Evreux, salut. Comme par vertu de certaines noz lettres de mandement les esleuz sur le fait desdiz aides audit lieu d'Evreux aient fait certaine informacion sur le contenu en unes lettres du roy nostre sire, impétrées par Jehan le Blont et ses compaignons fermiers de l'imposicion de XII deniers pour livre des bestes à quatre piez vendus en la ville du Neufbourc pour l'année fenie le derrenier jour de septembre derrenièrement passé, par lesquelles ils maintenoient que comme en entencion que la marchandise desdictes bestes deust valoir et avoir cours en ladicte année ainsi et par la manière qu'elle avoit eu ès années précédens, ils eussent mis à priz ladicte ferme à très hault pris, c'est assavoir à la somme de V^c LX l. t., auquel priz elle leur demoura, et combien que communément toutes les autres années passées en la saison d'esté eussent acoustumé de venir et affluer en ladicte ville de Neufbourg très grant quantité de marchans tant des pays de la duché de Bretaigne comme des bailliages du Coustentin, de Caen et d'ailleurs ou bas pays qui en icelle ville amenoient plusieurs et grant quantité de bestes à quatre piez, pour ce que les marchans des bailliages de Rouen, de Caux et d'Evreux et mesmement aucune foiz les marchans de la ville de Paris et du pays d'environ venoient en icelle ville pour achater de la marchandise desdictes bestes et y en trouvoient assez, veu que c'est un des plus notables marchez pour ledit fait qui soit en nulle autre ville du pays de Normandie, par le moyen desquelles choses ladicte ferme avoit tousiours acoustumé de estre bonne et valoir très grant somme d'argent et aussi que les moys d'aoust et de septembre et en espécial ledit mois de septembre soient tousiours les plus prouffitables de l'an de tous les autres mois de l'an, et que durant lesdiz deux mois l'on ait acoustumé de faire partie du plus grant fait de ladicte marchandise desdictes bestes à quatre piez, néantmoins iceulx deux mois durant n'estoit venu ès parties ou marchés de ladicte ville que peu des marchans des pays dessus diz ne d'autre, pour doubte des gens d'armes qui disoient venir au nom du roy notre sire et à son mandement, lesquels avoient esté et séjourné durant le temps dessus dit tant sur ledit pays que en plusieurs autres parties de ce royaume, parquoy ladicte ferme a esté iceulx deux mois comme inutile et de très petite valeur, et tellement que lesdiz fermiers y avoient esté et estoient perdans de la somme de II$^c$ l. t. et plus et en avanture d'estre du tout désers et mis a poureté, requérans que ce considérans et aussi comme pour ceste présente année ilz tiennent de rechief ladicte ferme pour le priz de V$^c$ IIII$^{xx}$ X l. t, qui est plus grant somme que l'année passée, en laquelle somme ilz ont déjà perdu de leur chevance très grandement, parce que les mois d'octobre et novembre derreniers passez pour l'occasion desdictes gens d'armes leur avoient esté de si petite valeur et prouffit, leur feust pourveu de remède, savoir vous faisons que veu lesdictes lettres et informacion, laquelle nous avons retenue par devers nous, considéré la depposition des tesmoings contenue en icelles et tout ce qui faisoit à veoir et considérer en ceste partie, nous par grant et meure délibéracion du conseil et par vertu du povoir à nous donné par le roy nostre dit sire, avons ordonné et ordonnons par ces présentes que pour et en récompenssacion de la perte et dommage que lesdiz fermiers ont eu en ladicte année derrenièrement passée, comme en ceste présente année, leur sera déduit et rabatu de et sur ce qu'ilz puent ou pourront devoir à cause de ladicte ferme et dudit priz de V$^c$ IIII$^{xx}$ X l. t. à quoy ilz la tiennent pour ceste année présente, la somme de deux cens livres tournois, si vous mandons et expressément enjoingnons que en entérinant et accomplissant nostre dite ordonnance, et appoinctement, vous tenez quictes et paisible à tousiours lesdiz fermiers et chascun d'eux de ladicte somme de deux cens livres tournois par la manière et tout ainsi que dit est, sans pour ce les travailler ou molester ne souffrir estre travaillé ou molesté en aucune manière au contraire, et par rapportant ces présentes avec quictance sur ce dudit Jehan le Blont et ses dis compaignons ladicte somme de II$^c$ l. t. sera allouée en vos comptes et rabatue de la recepte par ceulx à qui il appartiendra.

Donné à Paris le XIII$^e$ jour de juillet l'an Mil CCCC et unze.

Drocq. (Bibl. nat. *fds fr.*, 26,038, n° 4,482).

sans les contraindre ne faire ou souffrir estre contrains en corps ne en biens ne pour le temps à venir au contraire en aucune manière; mais se leurs diz corps ou biens ou de leurs pleges estoient pour ce saisis ou arrestez, si les leur mettez ou faites mettre tantost et sans délay à plaine délivrance, et par rapportant ces présentes et reconnaissance sur ce d'iceulx Jehan Potié et ses compaignons, nous consentons ladicte somme de deux cens livres tournois estre allouée en vos comptes et rabatue de vostre recepte par ceulx à qui il appartendra.

Donné à Paris soubz nos seaulx, le second jour d'aoùt mil CCCC et unze. DROCO.

(Bibl. nat., *fds fr.*, 26,038, nº 4,490.)

## VII

7 octobre 1411. — *Quittance de 40 s. t. donnée par Etienne Le Pelletier, sergent du Pont-de-l'Arche, et Amaury Goupil, sergent de Fresnaye, à Jehan Monnet, vicomte du Pont-de-l'Arche, pour avoir été chercher du port de Muids à Rouen tous les bateaux qui se trouvaient sur la Seine, et les avoir amenés aux fossés du château du Pont-de-l'Arche.*

L'an mil quatre cens et onze, le merquedi VII$^{e}$ jour d'octobre, devant moy Jehan Gouhiaut, tabelion juré pour le roy nostre sire en la viconté du Pont de l'Arche, furent présens Estienne le Peletier, sergent d'icelui seigneur en la sergenterie do Pont de l'Arche, et Amaury Goupil, sergent du roy nostre sire en la sergenterie de Fresnaye, lesquels congneurent et confessèrent avoir eu et receu du roy nostre sire, par la main de honnorable homme et saige Jehan Monnet, viconte dudit lieu du Pont de l'Arche, la somme de quarante soulz tournois, qui deuz leur estoient pour leurs paines, salaires et despens d'eulx et leurs chevaux, d'avoir esté par vertu du mandement de Mahieu Boudart, huissier d'armes dudit seigneur et son commissaire en ceste partie, par tous les pors et passages de la rivière de Saine, depuis le port de Muys, qui n'est pas de la viconté du Pont de l'Arche, jusques à Rouen, arrester et faire admener aux fossez d'auprès le chastel dudit Pont de l'Arche, tous les vesseaulx estans en ladicte rivière, tant grans que petis, pour illeq estre enfondrez afin que en iceulx ne passast aucunes gens d'armes ou autres par ladicte rivière, ouquel voiage faisant, ils disoient avoir vacquié chascun par deux jours entiers et acomplis, tant en y allant, séjournant comme en retournant, de laquelle somme de XL s. t. lesdis sergens se tindrent pour bien paiés et contens, et en quictèrent le roy nostredit sire, ledit viconte et tous autres à qui quictance en doit appartenir. Tesmoing mon scel manuel cy mis, et à ma requeste y a esté mis le contrescel des obligations de ladicte viconté, à l'an et jour dessusdiz. Gouhiaut.

(Bibl. nat. *fds fr.* 26,038, n° 4,516).

## VIII

28 *novembre* 1411. — *Mandement de Charles VI ordonnant aux généraux conseillers des aides de la guerre et aux élus et receveur de Rouen de tenir quittes les frères Alorge et leurs associés de la ferme du quatrième des vins à Rouen, dont la recette est devenue très difficile et qui sera remise aux enchères.*

Charles, par la grâce de Dieu roy de France, à nos amez et feaulx les généraux conseilliers sur le fait des aydes de la guerre, et aux esleuz et receveur à Rouen sur ledit fait, salut et dileccion. Oye humble supplicacion de Robinet Alorge, orfèvre, et Guillot Alorge, frères, et leurs compaignons consors en ceste partie, contenant que comme le VI° jour de septembre derrainement passé, ils aient prins pour l'année présente qui commença le premier jour d'octobre ensuivant, l'imposicion des vins vendus en gros en la ville et la banlieue de Rouen, et par espécial la marchandise de vin venoit par la rivière de Saine et par les autres rivières d'environ, et depuis lequel VI° jour de septembre, soit venu ou pays de France grant assemblée de gens d'armes d'aucuns de nostre sang et lignage, pour doubte desquels il nous a pleu faire faire défense et cry solennel par tous les pors, pons et passages de la rivière de Saine et des autres rivières d'environ que nul ne fust si hardi de monter ne avaler aucun batel ne autre vessel par icelles rivières, et ont esté iceulx bateaux et vesseaulx enfondrez ou ramenez ès

# VI

*2 août 1411. — Mandement des généraux conseillers sur le fait des aides ordonnées pour la guerre à Jehan Levavasseur, receveur des aides à Evreux, lui ordonnant de faire remise de 200 l. t. aux fermiers de l'imposition de 12 deniers pour livre sur les draps vendus en gros à Évreux, pour deux ans, du 1er octobre 1409 au 30 septembre 1411, sur ce qu'ils peuvent devoir encore de ladite ferme.*

Les généraulx conseillers sur le fait des aides ordonnées pour la guerre, à Jehan Levavasseur, receveur des diz aides à Evreux, salut. Comme par vertu de certaines noz lettres de mandement les esleuz sur ledit fait des aides audit lieu d'Evreux, le procureur du roy nostre sire sur le fait d'iceulx aides ileo et vous adjoins avecques eulx, ayent fait certaine informacion sur le contenu en unes lettres du roy nostre dit sire, données le derrenier jour de janvier derrainement passé, impétrées par Jehan Potié et ses compaignons fermiers de l'imposicion de XII deniers pour livre de draps venduz en gros en ladicte ville d'Evreux pour l'année fenie le derrenier jour de septembre derrenièrement passé, par lesquelles ils maintenoient que comme dès le mois de septembre l'an mil CCCC et neuf précédent le commencement de ladicte ferme, ledit Potié et ses compaignons eussent mis icelle ferme à très-grant pris et somme de deniers en entencion que la marchandise des draps deust avoir cours ainsi et par la manière qu'elle avoit eu les années précédens, et de fait leur feust icelle ferme démouré comme aux plus offrains et derreniers enchiérisseurs pour le pris et somme de XI^c IIII^xx X l. t., et combien que tous les ans eust acoustumé de venir et affluer en ladicte ville environ l'esté très grant quantité de marchans des pais de Lymosin, d'Auvergne, de Languedoc, de Bourgongne et d'ailleurs du haut pais, qui avoient acoustumé d'acheter et lever en icelle ville d'Evreux grant quantité de draps, par le moyen desquelx marchans ladicte ferme avoit acoustumé d'estre utile et valoir grant somme d'argent, combien aussi que les mois de juillet, aoust et septembre feussent communément les plus prouffitables de tous les autres mois de l'an, et que durant lesdiz trois mois l'on avoit acoustumé de faire le plus grant fait de ladicte marchandise, toutevois durant iceulx trois mois n'estoit venu en ladicte ville d'Evreux aucuns marchans des pais dessusdiz pour doubte des gens d'armes qui avoient été espanduz en le royaume durant le temps dessusdit, lesquelles gens d'armes disoient venir au mandement du roy nostre dit sire, et soubz umbre de ce, ladicte ferme avoit esté du tout inutile durans lesdiz trois mois, et telement que icelui Potié et ses compaignons estoient perdans de la somme de deux cens livres tournois et plus, et aveo ce les aviez telement contrains et fait contraindre qu'ilz estoient en adventure d'estre du tout désers ou autrement très grandement diminuez de leurs chevance, et encore ledit Potié et ses compaignons s'estoient adventuréz de prendre icelle ferme pour ceste année présente en entencion d'eulx aucunement recouvrer des pertes qu'ilz avoient eues en ladicte ferme l'année précédent, mais lesdictes gens d'armes avoient si longuement esté et séjourné oudit royaume que lesdiz marchans n'avoient osé durant les mois d'octobre, novembre et décembre derreniers passés venir audit lieu d'Evreux acheter la marchandise de draperie, et telement qu'ilz avoient esté et estoient desjà perdans en icelle ferme de VIII$^{xx}$ l. t. et encore estoient tailliez de plus estre, et requéroient leur estre sur ce pourveu de remède convenable, savoir vous faisons que veu le contenu esdictes lettres et informacion, laquelle nous avons retenue pardevers nous, et considéré la depposition des témoings contenuz en icelle, aveo l'advis desdiz esleuz et procureur et tout ce qui faisoit à veoir et considérer en ceste partie, nous par grant et meure délibéracion du conseil et par vertu du povoir à nous donné par lesdictes lettres royaulx, avons ordonné et ordonnons par ces présentes que de et sur la somme à quoy ledit Jehan Potié et ses compaignons tiennent en ceste présente année ladicte ferme des draps venduz en gros en ladicte ville d'Evreux, leur soit déduit et rabatu la somme de deux cens livres tournois pour et en recompensacion de la perte qu'ilz ont eue en ladicte ferme tant en ladicte année passée comme en ceste présente, comme dit est, si vous mandons que en entérinant et accomplissant nostre dicte ordonnance vous tenez et faites tenir quictes et paisibles à tousjours icellui Potié et ses compaignons et chascun d'eulx de la dicte somme de deux cens livres tournois, bonnes villes ou autres places seures, et là ont esté arrestez de par nous, par laquelle défense et arrest il n'est venu que pou ou néant de vins en icelle ville de Rouen, et pour ce aussi que les bonnes gens du pays de France où abondance de vins estoient, se sont partis et fouys hors de leurs hostelz et ont tout lessié tant vendengez que à vendenger pour la paour des dictes gens d'armes, et ceulx qui avoient vins les eussent fait chargier hastivement et amener à Rouen pour avoir leur sauveté, se n'eust esté ladicte défense, et semblablement les marchans de Flandres, de Picardie, de Normandie, de Caux et d'entour Rouen, qui ont acoustumé d'avoir vins, feussent venuz et arrivez en icelle ville de Rouen pour les acheter. et d'abondant le mardi XVII$^{e}$ jour de novembre par le bailli de Rouen fu faicte défense et arrest comme dessuz, par lesquelles defenses et arrestz avecques ce que icelles gens d'armes ont tout gasté et mis à perdicion, la greigneur partie desdiz vins prins et marchans rançonnez, pour laquelle cause icelle ferme n'a que pou ou néant valu, parquoy iceulx supplians qui sont tous de bonne vie ou estat sont en voye d'estre du tout déçus et mis à poureté et fuitis du pays, se sur ce ne leur est par nous pourvu de nostre grâce, si comme ils dient, requérans que ce considéré, et que les moys d'octobre et novembre qui sont passez n'ont aussi que rien valu et si deussent avoir valu les deux pars de la valeur d'icelle ferme et plus, et ce aussi que ledit Guillot estoit fermier du IIII$^{e}$ des cervoises d'icelle ville de Rouen pour ladicte présente année au pris de V$^{xx}$ II$^{c}$ X l., mais quant a vu lesdictes défenses et arrests et qu'il ne venoit nulz vins à Rouen pour icelle défense, ladicte ferme des cervoises lui a esté ostée et enchierie à VII$^{xx}$ III$^{c}$ LX l. en quoy nous avons eu prouffit à II$^{xx}$ CL l., nous leur vueillons pourveoir de nostre grâce, pource est-il que nous actendu ce que dit est, et non voulans lesdis supplians estre pour ce désers, vous mandons et commandons et enjoignons estroitement et à chascun de vous si comme il appartendra, que ladicte ferme vous preignez et meotez en nostre main et icelle faictes recryer et baillier de nouvel et en tenez et faites tenir lesdis supplians quictes et paisibles pour en paier ce qu'ilz en ont reçeu, rabatu la despense que iceulx supplians y ont faicte ou autrement y pourveoir, ainsi comme il appartient à faire par raison, car ainsi nous plaist-il estre fait de grâce espécial par ces présentes, nonobstant ordonnances, mandemens ou défenses à ce contraires.

Donné à Paris, le XXVIIIe jour de novembre, l'an de grâce mil CCCC et onze et de nostre règne le XXXIIe.

*Par le Roy.*

De Rouvres.

(Bibl. nat., *fds fr.* 25,709, n° 661.)

## IX

18 *février* 1412, *n. s.* — *Mandement de Charles VI ordonnant aux généraux conseillers par le fait des aides et aux élus d'Evreux de s'informer des pertes subies par Henry Lohont, fermier de l'imposition des draps à Breteuil et de le décharger de cette ferme, s'il y a lieu, en tenant compte de ce qu'il aura reçu ou perdu.*

Charles, par la grâce de Dieu roy de France, à nos amez et feaulx les généraulx conseillers à Paris sur le fait des aides ordonnez pour la guerre, et aux esleuz sur ledit fait à Evreux, salut et dilleccion. Receue avons l'umble supplicacion de Henry Lohont, fermier de l'imposicion des draps venduz en gros et à détail pour ceste présente année à Bretueil, contenant comme à la Saint-Remi derrenièrement passée il eut prins ladicte ferme de ladicte Saint-Remi jusques à un an prouchain venant parmi certain pris et salaire d'argent, depuis laquelle ferme ainsi prise il n'ait oncques receu un denier d'icelle, et si est ja passé une grant partie du temps de la meilleure saison, tant pour occasion des gens d'armes et de noz ennemis qui ont esté et encore sont sur le pais à deux lieues près de ladicte ville de Bretueil et qui chascun jour ou au moins bien souvent y courent tellement que nulz de nos subgez n'osent demourer en ladicte ville pour la paour de nozdiz ennemis qui pillent, tuent, volent, raençonnent et destruisent nozdiz subgez, hommes, femmes et enfans, et pour ce ne nous pourroit paier ce à quoi il a mis ladicte ferme, obstant que l'on ne marchande point de présent en ladicte ville, ainçois lui convendroit fenir ses jours misérablement en prison, se nostre grâce ne lui estoit sur ce impartie, requérant humblement que actendu que ce n'est pas advenu par son fait et coulpe, mais est par le fait de nozdiz ennemis et de noz guerres, nous lui vueillons nostredicte grâce impartir, pourquoy ces choses considérées, voulans ledit suppliant estre relevé de ce et des pertes et dommages qu'il a soufferles et peut souffrir pour le fait de nozdiz ennemis, vous mandons et estroitement enjoignons et à chascun de vous si comme à lui appartendra, que se par informacion ou autrement deuement il vous appert de ce que dit est tant comme souffire doye, faites recrier et rebailler de nouvel bail ladicte ferme au plus offrant et derrenier enchérisseur en la manière acoustumée, en deschargeant d'icelle ledit suppliant et sesdis pleiges, parmi ce que se aucune chose en a receu, il sera tenu de le paier et bailler au receveur de noz diz aides, ou au moins rabatez lui et déduisez de ladicte ferme telle somme d'argent que vous verrez selon ladicte informacion au cas appartenir et en quoy ledit suppliant peut et pourra estre encouru de perte et dommage en ce que dit est; et ce que par vous lui sera rabatu nous voulons estre aloué ès comptes dudit receveur et rabatu de sa recepte partout et quant il appartendra, ou autrement pourvées à icellui suppliant de tel remède, grâce ou équité que vous verrez du cas appartenir et que en voz consciences vous nous conseilleriez faire en ceste partie, car ainsi nous plaist-il estre fait de grâce espécial par ces présentes, nonobstant quelzconques lettres subreptices à ce contraires.

Donné à Paris, le XVIIIe jour de février, l'an de grâce mil CCCC et unze et de nostre regne le XXXIIe.

*Par le roy, à la relacion de son conseil.*

Mote.

(Bibl. Nat., *fds. Fr.*, 25.709, n° 670).

## X

1412. — *Fragment d'enquête sur les pertes subies par les fermiers, des droits de la Vicomté de l'Eau de Rouen, pour trois ans, depuis la Saint-Michel 1410. — Déposition de Robert le Forestier, marchand de vin à Rouen. — Commencement de la déposition de Pierre de Quenouville.*

. . . . . . . . . . . . . . . . . . . . . . . . .

*Robert le Forestier,* bourgois et marchant de vins à Rouen, aagié de LV ans ou environ, et demourant en la paroisse Saint-Michiel dudit lieu de Rouen. tesmoing produit par lesdis fermiers, juré, oÿ et examiné sur lesdis articles et premièrement requis sur le premier, II$^{e}$, III$^{e}$, et IIII$^{e}$ articles, dit et deppose par son serment qu'il se recorde bien et scet de certain que au temps que ladicte ferme fu baillié, il, Michel le Banier et Jehan Cave s'assemblèrent, et accompaignèrent ensemble, espérans, considérans selon leurs advis et ymaginacions que marchandise seroit très-bonne attendu que au temps dès lors le temps estoit paisible, povoit l'en aler et venir seurement et marchandement par tout le pais de France, et mistrent ladicte ferme au pris de unze mil livres et tantost après V ou VI jours ou environ icelle ferme leur fut enchierré par aucuns marchans de Paris, et tantost après lesdis fermiers la renchiérirent sur ceulx de Paris, pour ce que le temps estoit paisible au temps dudit bail qui fu l'an mil CCCC et dix, environ le terme Saint-Michiel, mais depuis le temps ne fu guères paisible, car il est bien record que au mois de juillet l'an mil CCCC et unze, n'est pas record quel jour, il fu publiques nouvelles en la ville de Rouen et par tout le pais d'environ qu'il avoit grant guerre meue et ouverte en France, et que sur les deffenses et cry fais de par le Roy, plusieurs grans seigneurs accompaignés de grant nombre de gens d'armes estoient passez par deça la rivière de Saine, dont le pais fu moult esmeu et effraié et pour ce par vertu de certaines lettres royaulx fu tantost crié et publié par tous les lieux de ladicte ville acoustumés à faire cris, que nuls ne menassent ne feissent mener bateaulx quelx qu'ils feussent amont ni aval ladicte rivière ne passassent ne repassassent au travers d'icelle, et fu ordonné que tous les bateaulx et vaisseaulx que l'on trouveroit en ladicte rivière, par espécial ou bailliage de Rouen fussent retraiz ès bonnes villes ou enfondrez dedans ladicte rivière, pour les doubtes que l'en avoit desdictes gens d'armes ; et ce scet-il parce que lui-meisme avoit une nef en ladicte rivière au port de Caumont, laquelle chargoit de buche pour l'ostel du Roy, et estoit bien demie-chargée, mais ce nonobstant sa dicte nef en vertu dudit cry et ordonnance, fu amenée en icelle estat aux kays de la ville de Rouen ; et se y en vit grant foison d'autres vaisseaulx et nefs qui pour ladicte cause avoient amenées, et se recorde bien qu'il vy faire ledit cry ; scet bien aussi que pour ladicte cause, et pour ce aussi que aucunes desdictes gens d'armes tindrent la ville de Saint-Denis et le pont de Saint-Clou, il fu grant temps, c'est assavoir depuis le mois de juillet jusques à my-novembre que en ladicte ville de Rouen ne vint que poy on néant de denrées, amont ni aval de ladicte rivière, et le scet-il qui parle, parceque il et plusieurs autres marchans de ladicte ville avoient grant foison de vins à Mante, qui pour icelle cause n'y vindrent, ne pouldront avoir congié de descendre aval ladicte rivière jusques à deux mois aprez ou environ, et scet bien que pendant icellui temps pour le fait et occasion de ladicte guerre et des autres gens d'armes, les marchans de plusieurs pais et contrées qui avoient acoustumé venir marchander, cessèrent de y venir, et que pour ladicte cause ladicte ferme fu grandement diminuée et de mendre valeur, car les mois de septembre, octobre, novembre et décembre sont la meilleure saison de toute l'année et plus proffitable que tout le demourant de l'année pour ladicte ferme de ladicte viconté, et tient en sa conscience que en yceulx III mois de l'an mil CCCC et unze, il n'en vint ne n'arriva eu la ville de Rouen que pou ou néant au regart des années précédentes, lesqueles choses furent grandement au dommage des fermes.

*Item* requis sur le V^e^ article, deppose qu'il est vray et nottoire que durant le temps de la guerre qui continuelment a esté depuis la reprinse du Pont de Saint-Clou, nuls marchans de quelque pais qu'ils soient n'ont osé allez par pais ne nulle contrée, ne aussi aucuns des marchans de Rouen n'osoient envoier leurs denrées tant vins que autres choses en aucuns pais, lesquels marchans de Rouen avoient acoustumé ès années précédentes de vendre de leurs vins et de leurs autres denrées aux marchans de la Basse-Normandie qui les venoient querre et en emportoient très-grant quantité, dont ils ne firent rien par tout ledit temps, pour ce qu'il n'est nul qui osast aler marchander par le pais pour les causes dessus dictes; et le scet-il qui parle, parce que il est et a esté toute sa vie marchant, mais en icelle temps, il ne se oze onques bougier de ladicte ville de Rouen; et si dit qu'il est chose nottoire que en plusieurs pais et contrées les vignes sont demourées a vendenges et en ont esté quantité destruites et gastées, et est marchandise du tout cessée à venir à Rouen, et les marchans qui y souloient fréquenter cessez à y venir, par espécial de la Bretagne et de la Basse-Normandie, dont ladicte ferme a esté de mendre valeur; mais quelle perte lesdits fermiers y ont eu et quel proffit ou dommage ils pourroient avoir en ladicte ferme pour l'année à venir, dit que justement il n'en sauroit dépposer, par espécial du temps à venir, mais il lui semble que veu le temps et la saison et ce qu'il puet considérer et le commun langage des sages marchans et bourgois de ladicte ville de Rouen et du pais d'environ, qui dient qu'il est poy de vins, lesdits fermiers sont bien tailliez de faire une très-grant perte sur l'année qui commencera à la Saint-Michiel CCCC et XII, fenissant à la Saint-Michel CCCC et XIII, car le pais est encore en grant effray par les Anglois qui sont descendus ou pais de Costentin en très-grant nombre et puissance et tiennent les champs ou dit pais, et selon ce qu'il puet jugier par expérience et vraysemblance et que la commune renommée tient, il luy semble en sa conscience que attendu le prix de quoy lesdis fermiers tiennent ladicte ferme, les charges de fiefs et d'omosnes, gaiges d'offices et autres despenses qui sont grandes, la disposicion de tel temps qu'il a esté que pour l'année à venir il sera poy de vins, et sont les marchans moult apouriez et les aucuns destruis et essilliez, iceulx fermiers sont tailliez à perdre du leur propre en icelle ferme de VII à VIII M. l. pour les trois ans qu'ils l'ont tenue et à tenir; et prent sur sa conscience qu'il ne vouldroit pas que l'on luy donnast à lui et à ses trois compaignons qui icelle ferme mistrent à pris X M. l., et se ils se deussent mettre ou lieu desdis fermiers, pour attendre telle perte et gaengne comme il puet avoir; et plus n'en scet sur tout requis et diligemment examiné.

*Pierre de Quenouville*, bourgois de Rouen, aagié de LV ans ou environ, demourant à Saint-Candre le Jeune, tesmoing juré, oy et examiné sur tous lesdis articles, et premièrement requis sur le premier article, dit qu'il scet bien parcequ'il en est vray record, que au temps que la ferme de ladicte viconté fu baillié et qu'elle demoura ausdis fermiers, il estoit temps paisible, tant par mer comme par terre, et venoit et arrivoit audit lieu de Rouen toute marchandise tant des pais de Flandres, d'Anjou et de Maine, de

Bretaigne, de Bourgongne, de Poitou, d'Orléans, de Galardon comme de plusieurs autres pais, et se recorde bien luy qui parle que en icellui temps il envoia grant quantité de marchandise de vins ou pais de Costentin et que en icelle temps les marchans des païs dont dessus à depposé et plusieurs autres tant en montant que en avalant, faisoient venir et apporter audit lieu de Rouen plusieurs denrées et marchandises si comme vins, harens, poissons sallez, sel laines, avoir de pois et autres marchandises que ils vendoient en ladicte ville et en paioient les deniers et acquis; et aussi lesdis marchans ou les plusieurs d'iceulx achetoient en icelle ville plusieurs denrées et marchandises dont ils paioient les acquis et coustumes, et en estoit ladicte ferme de plus grant revenue; car il dit que marchandise couroit lors seurement, et pour ceste cause et pour l'espérance aussi que lesdis fermiers avoient qu'ils fust tousjours bonne paix en France, et que ladicte ferme, qui est de très grant charge, tant en principal comme en autres charges et coustemens, se réussist ainsi qu'elle avoit acoustumé en temps paisible, luy qui parle suppose que lesdis fermiers prinstrent ladicte ferme laquelle fut derrainement baillée pour trois ans commençans à la Saint-Michiel M CCCC et dix.

*Item* requis sur les IIe, IIIe et IIIIe articles, dit qu'il scet bien que le temps fu moult poy paisible depuis l'enchière passée de ladicte ferme, qui se passa à l'Assencion mil CCCC et XI, car la guerre fus dès le mois de juillet ensuiant plainement ouverte; et se recorde bien qu'en obéissant à certaines lettres royaulx qui furent publiées audit lieu de Rouen, l'en fist retraire tous les bateaulx et navire qui estoient sur la rivière de Saine aux ports des bonnes villes, et si en y eult aucuns qui furent effondrez en ladicte rivière; et scet bien que dès le temps dudit mois de juillet les marchans et marchandises qui avaient acoustumé fréquenter et estre amenées audit lieu de Rouen. . . . . . . . . . . . . . . . .

(Bibl. nat. *fds fr.*, 26,038, n° 4,489).

## XI

*6 janvier 1413, n. s. — Mandement de Guillaume Leprévost, lieutenant général du bailli de Caux au vicomte de Neuchâtel et de Gournay en*

*Bray, lui ordonnant de payer 8 l. t. à Guillaume du Mont-Endeline, Jehan de Chenevelles, Thomas Potier, sergents de Neuchâtel et Jehan Lemaire, tabellion royal à Mortemer, envoyés à Aumale pour faire une enquête sur plusieurs excès et défauts de justice commis par les officiers dudit lieu.*

Guillaume Leprévost, lieutenant général de noble homme monseigneur Jean sire de Saint-Sauflieu et d'Erquery, chevalier, conseiller et chambellan du roy nostre sire et son bailli de Caux, au viconte du Neufchastel et de Gournay, salut. Comme il fust venu à nostre congnoissance que en la conté d'Aubmalle, qui est du ressort de l'assise de Neufchastel, avoient esté faictes plusieurs mallefaçons, délis et actemptas, commis et perpétrés aux subgés d'icelle conté, c'est assavoir en une instance une grande mallefaçon faicte par Guillot Godin, fils et lieutenant de Izelin Godin, bailli dudit lieu d'Aubmalle, le cappitaine dudit lieu et plusieurs autres personnes leurs complices et alliéz aux personnnes de Jehan Moisse, sa femme et sa fille, et où il avoit eu sanc et playe, et en l'autre instance de certain feu bouté en plusieurs hostielx d'icelle conté, duquel ce feusse par Jean Campion et sa femme, leurs alliez et complices où il avoit eu de dix à douze maison arses, desquelles choses s'estoient à nous complains plusieurs des gens de ladicte conté, c'est assavoir ledit Moisse, sa femme et sa fille, disant que jà soit ce que eulx eussent esté battus par les dessusdis lieutenans et cappitaines, leurs complices et aliez à leur tort et en commenchement, ledit mary avoit esté mis prisonnier ès prisons dudit lieu d'Aubmalle, et illec ferré par Jehan Tortre, viconte dudit lieu d'Aubmalle, lequel avoit et a espousé la fille dudit bailli, desquelles prisons, nonobstant qu'il obéist à bailler plaige, il ne pouvoit estre délivré, et autres plusieurs personnes pour le fait du feu bouté ce qui le touchoit et regardoient, disoient que jà soit que les dessusdis Campion et sa dicte femme pour ledit cas qui estoit vray, comme l'on disoit, fussent mis en prisons dudit lieu d'Aubmalle, l'en ne procédoit aucunement par justice contre eulx; toutes lesquelles choses se faisoient à faveur ou autrement par les officiers dudit lieu d'Aubmalle, en délaissant à faire et accomplir justice sur ce que dit est, pourquoy nous ces choses considérées, et que a mondit seigneur le bailli ou son lieutenant appartient à réparer les tors et griefs fais audit baillage et ressors d'icellui et sur ce pourveoir de bonne justice aux parties préjudiciéez, et mesmes pourveoir tant en condempnacion comme autrement au regart des prisonniers estans en cas criminel ou civil ès prisons des officiers subgez au ressort dudit bailliage, en spécial quant iceulx officiers ne procèdent en ce deuement de bonne justice, et que plaintes en viennent devers nous, nous par le conseil et délibéracion de Pierre le Brasseur, procureur du roy nostre dit sire audit bailliage, Pierre aux Colombs, advocat dudit seigneur en la viconté dudit Neufchastel et de plusieurs officiers du roy nostre dit sire, eussons envoyé dudit Neufchastel oudit lieu d'Aubmalle Guillaume du Mont-Endeline, Jehan de Chenevelles, Thomas Potier, sergent dudit Neufchastel, et Jehan le Maire, tabellion à Mortemer de par le roy nostre dit sire, pour et affin de faire sur ce que dit est informacions pour pourveoir à icelles choses de justice comme il appartendra, laquelle informacion faicte ledit Campion, qui estoit clerc pour le fait et occasion dudit feu bouté ait esté envoyé ès prisons de monseigneur l'archevêque de Rouen, et ladicte femme dudit Campion par deffence faicte aux officiers de ladicte conté d'Aubmalle par ledit Mont-Eudeline par vertu du pouvoir à lui sur ce par nous donné est demourée ès dictes prisons d'Aubmalle, esquelles elle est adprésent, vers laquelle sera procédé deuement et par justice selon ladicte informacion ou informacions faictes comme dit est, ainsy qu il appartiendra, esquelles choses faisant les dessusdis Guillaume, Chenevelles, Potier et Maire tant en alant, seiournant comme reveuant ont vacquié chascun quatre jours, pour chascun desquelx jours, nous par le conseil et délibéracion desdis procureur, conseilliers du Roy nostre dit sire, avons tauxé à chascun des dessusdis dix souls tournois, vallent iceux quatre jours pour tous les dessusdis en somme toute la somme de huict livres tournois, sy vous mandons que aux dessusdis des deniers de votre recepte vous paiés ladicte somme, et par rapportant ces présentes avec quictance de ladicte somme icelle vous soit allouée en vos prochains comptes comme il appartendra.

Donné audit Neufchastel le VIe jour de janvier l'an de grâce mil quatre cens et douze. LE PRÉVOST.

(Bibl. nat., *fds fr.*, 26,039, n° 4,689.)

## XII

*12 janvier 1413, n. s. — Mandement de Charles VI aux commissaires sur le fait de l'aide, leur ordonnant de faire remise aux habitants de cinq paroisses de la forêt de Conches d'une somme de 80 l. t., qu'ils doivent sur la dernière aide, mais qu'ils ne sont point en état de payer.*

Charles, par la grâce de Dieu, roy de France, à nos amez et féaulx conseilliers les commissaires de par nous ordonnez sur le fait de l'aide derrenièrement mise sus pour nous aidier à supporter certaines affaires, salut et dileccion. Receu avons l'umble supplicaccion des poures habitans de cinq parroisses de nostre forestz de Conches, chargés de femmes et enfants, contenant comme lesdis habitans soient noz hommes liges et subgiez sans moyen et en ladicte forestz tiennent de nous terres en moult grans charges et rentes, plus que bonnement ne nous peuvent paier, et ayent de très longtemps de nos prédécesseurs seigneurs de Conches chartres et privilèges anciens confermés par nostre très chier seigneur et père que Dieu absoille pour aucunement affermer la grand charge de rentes que font lesdictes terres, par lesquelles ilz sont quictes exemps de toutes choses quelzconques que l'on leur pourroit demander et en quoy on les vouldroit imposer, comme de tailles, corvées et autres choses quelzconques, ne mais de nous paier pour chacun acre de terre qui tiennent de nous une mine de froment à la Saint-Rémy et un chappon à Noël, qui font par chacun an quatorze cens sextiers de froment et XXVIII$^{c}$ chappons à paier ausdis termes sans autres terres à avoine et à deniers qui tiengnent de nous; néantmoins pour cause que lesdis poures supplians ont veu la nécessité que nous avions eue et avions pour avoir finances pour le fait et occasion de noz guerres, se sont soubmiz à contribuer aux tailles et aides de par nous faictes au pays de Normandie, et de fait les ont toutes paiez jusques au reste de quatre vins livres tournois de l'aide derrenièrement mise sus, laquelle somme lesdis suppliens n'auroient de quoy nous paier tant pour le fait et occasion des grans peines et travaulx qu'ilz ont euz à cause des gens d'armes qui furent en l'année derrenièrement passée audit lieu de Conches et au pays d'environ, pour le doubte desquelz et des garnisons qui lors estoient entour lesdis poures supplians, iceulx poures supplians s'en furent hors de leurs maisons et perdirent tant qu'ilz avoient vaillant, et furent prins aucuns d'eulx, leurs femmes et enfans et raençonnez à grans finances tellement que nostre receveur ou commis à Evreux n'a trouvé que gaiger es hostelz desdis poures supplians, comme parce que lesdis froment et chappons, que de présent ils sont chers, fault qu'ilz nous paient pour ceste présente année seize cens quatre vins livres tournois par quoy ils n'auront de quoy nous paier les quatre vins livres qu'ilz nous doivent du reste dudit aide à quoy ils furent imposez, sans estre du tout désers et mis à poureté, eulx, leurs femmes et enfans mandier leurs poures viez et délaisser nos terres en ruines ; pour ce est-il que nous qui ne voulons la désertion de noz subgiez, ainçoys les voulons retenir de tout nostre pouvoir, considérans que de bonne équité pour nous aidier ilz y ont voulu contribuer a noz diz aides et tailles nonobstant leurs dis privilèges et qu'il convient qu'ilz nous paient icelle somme de seize cens quatre vins livres en quoy ilz nous sont tenuz à cause desdictes terres, charges et rentes dessus dis, et la grant mortalité qui depuis un peu y a esté tellement que il n'est que bien pou demourez desdis poures habitans, à yceulx avons quicté, donné, quictons et donnons de grâce espécial par ces présentes ladicte somme de quatre vins livres tournois restans à paier dudit ayde, si vous mandons et expressément enjoingnons et à chascun de vous si comme a lui appartendra, que de nostre présente grâce, don et octroy vous faites, souffrez et laissez lesdis poures supplians joïr et user pleinement et paisiblement, et les faites tenir quictes et paisibles par nostre dit receveur et commis à recevoir ledit aide à Evreux d'icelle somme de quatre vins livres tournois, de laquelle somme par rapportant les présentes avecques recongnoissance sur ce, lesdis poures supplians nous voulons estre alloués es comptes dudit receveur ou commis par nos amez et féaulx gens de noz comptes sans contredit aucun, et si leur corps ou aucuns de leurs biens estoient pour ce prins et saisiz, levez et arrestez, si les mectez ou faitez mectre en plaine délivrance, car ainsi nous plaist-il estre fait et ausdis supplians l'avons octroyé et octroyons par ces présentes de grâce espécialé, nonobstant quelzconques ordonnances et mandemens, assignations et deffenses à ce contraires.

Donné à Paris, le XII<sup>e</sup> jour de janvier l'an de grâce mil CCCC et douze et de notre règne le XXXIII<sup>e</sup>.

*Par le roy, en son conseil, ouquel les ducs de Berry et de Bourgongne, le conte de Vertus et autres estoient.*

LOMBART.

(Bibl. nat. *fds fr.*, 25,709, n° 694).

## XIII

18 *octobre* 1415. — *Mandement de Charles VI ordonnant aux commissaires pour toutes les finances du royaume de faire une enquête sur les plaintes des habitants de Dambeuf qui se déclarent incapables de payer leur part de la dernière aide, et, d'après cette enquête, de leur accorder telle réduction qu'il conviendra faire.*

Charles, par la grâce de Dieu roy de France, à noz amez et féaulx conseilliers les commissaires par nous ordonnez sur le fait de toutes noz finances, tant du domaine que des aydes ordonnez pour la guerre, salut et dileccion. Receu avons l'umble supplicacion des povres manans et habitans de la ville de Dambeuf ou dit diocèse d'Evreux, consors en ceste partye, contenant que jà soit ce que iceulx supplians qui sont hommes et subgiez des religieux abbé et couvent de Saint-Ouen de Rouen, aient leurs grains et avoynes et autres biens perduz par le fait de la guerre et des gens d'armes qui sont survenus en nostre pays de Caux lesquels ont continuelement esté et séjourné en la ville de Dambeuf par l'espace de deux moys et plus, et dont il leur a convenu moult endebter pour quérir vivres ausdictes gens d'armes, néantmoins iceulx supplians ont esté nagaires, mis, assis et imposez pour raison de l'ayde ou taille derrenièrement mis sus en la somme de cent dix livres tournois, ja soit qu'ilz ne soient demourez en icelle ville de Dambeuf, parce ce que les aucuns s'en sont fuiz et absentez pour doubte desdictes gens d'armes que très petit nombre, qui sont toutes poures gens et ont tout le leur perdu par lesdictes gens d'armes, et pour ce ne nous pourroient iceulx supplians, dont les aucuns tiennent prison, icelle comme paier antièrement, pour ce que ilz n'ont rien et qu'il leur est de leurs biens aucune chose demouré, et ne trouveroient à qui vendre tant pou de héritaiges qu'ilz ont, mais leur convendroit déguerpir et laisser du tout ladicte ville et pays, se par nous ne leur estoit sur ce pourveu de nostre grâce, si comme ilz dient, en nous humblement requérant que sur ce leur vueillons pourveoir, pourquoy nous ces choses considérées et autres à ce nous mouvans, vous mandons et expressément enjoingnons que par les esleuz d'Evreux, ou quèle élection ilz sont demourans, vous faciez faire informacion des choses dessusdictes, et se par icelle, vous apert que, pour les causes dessusdictes, lesdiz exposans aient ainsi perdu le leur comme dit est, si leur rabatez, déduisez la moitié d'icelle ou à telle somme comme vous verrez estre de raison et nous conseillerez à faire, et de la somme qui par vous leur sera déduicte et rabatue, les faictes tenir quictes et paisibles par le receveur commis à recevoir icellui ayde et par rapportant ces présentes certificacion, comme ilz auront esté tenus quictes d'icele somme, qui par vous leur sera rabatue, nous voulons que ledit receveur demeure quicte et deschargié d'icelle somme par noz amez et féaulx gens de nos comptes à Paris, auxquelz nous mandons que ainsi le facent sans contredit, nonobstant quelzconques ordonnances, mandemens ou deffenses à ce contraires.

Donné à Rouen le XVIII$^{e}$ jour d'octobre l'an de grâce mil IIII$^{c}$ et quinze et de nostre regne le XXXVI$^{e}$.

*Par le Roy, messire Charles d'Estouteville, messire Regnaut de Folleville et autres présens.*

GossET.

(Bibl. nat. *fds fr.* 25,709, n° 728).

## XIV

21 *novembre* 1415. — *Mandement de Charles VI ordonnant aux commis de l'aide « pour faire widier hors du royaume les Anglois », de réduire la somme de XXXI l. p. à laquelle ont été imposés les habitants du Neufbosc pour leur part dudit aide.*

Charles, par la grâce de Dieu roy de France, à nos amez et

feauls conseilliers les commis par nous ordonnez sur le fait de l'aide naguerre et derrainement mis suz pour faire wider hors de nostre royaume les Angloiz, noz ennemis et adversaires, salut et dilleccion. Receu avons l'umble supplicacion des poures manans et habitanz de la parroisse de Neufboo en l'éleccion de Gisors, à une lieue ou environ de Sàint-Saën, contenant comme yceulx suppllans aient esté assis, mis et imposez pour le fait dudit aide derrainement mis à la somme de trente et une livres parisis par les esleuz sur ledit fait des aides de Gisors, laquelle somme yceulx supplians qui de présent ne sont que très petit nombre de poures gens mesnagiers, ne nous pourroient et n'auroient de quoy aucunement paier, tant parce que les gens d'armes en alant, passant, retournant et séjournant ont été derrainement moult longuement logiez en icelle ville et parroisse, lesquelz ont mengiez, dissipez, gastez, destruiz et emportez les biens, mis yceulx supplians ès grésillons et fait raençonner, comme parce que partie d'icelle ville a esté arse par feu de cas de meschief, et plusieurs desdits habitans mors de la bosse, et mesmement a convenu que pour doubte desdictes gens d'armes la plus grant partie d'iceulx supplians se soient partis et absentez du pais, du retour desquelz il n'est mémoire, et par ce ne nous pouroient yceulx supplians aucunement paier de la dicte somme de XXXI l. p., en quoy ils ont été mis, assiz et imposez à la cause dessusdicte, mais leur conviendroit du tout laisser et déguerpir ladicte ville et pais, se par nous ne leur estoit sur ce pourveu et secouru de nostre grâce, si comme il z dient, en nous humblement requérant ycelle, pour ce est-il que toutes ces choses considérées et pour certaines autres justes causes et considéracions à ce nous mouvans, vous mandons, commandons et expressément enjoingnons que ladicte somme de XXXI l. p., en laquelle yceulx supplians ont esté assis, mis et imposez pour le fait dudit derrenier aide ou taille, vous ramenez et amodérèz à telle somme comme vous verrez qu'il appartendra à faire par raison et de bonne équitté, et par rapportant ces présentes aveo lettres de recongnoissance, nous voulons et mandons que tout ce que par vous leur aura esté déduit et rabatu, estre alloué ès comptes d'icellui qu'il appartendra par noz amez et féaulx gens de nos comptes à Paris, ausquelx nous mandons quo ainsi le facent, car ainsi nous plaist-il estre fait nonobstant ordonnances, mandemens et lettres quelxconques subreptices à ce contraires.

Donné à Rouen le XXIe jour de novembre, l'an de grâce mil IIIIc et quinze et le XXXVIe jour de nostre regne.

*Par le Roy, à la relacion du conseil :*

VOIREMENT.

(Bibl. nat., *fds fr.* 23,709, n° 731)

9631 — CAEN — TYPOGRAPHIE ET LITHOGRAPHIE E. VALIN, 5, RUE AU CANU

www.ingramcontent.com/pod-product-compliance
Lightning Source LLC
LaVergne TN
LVHW010049230826
846091LV00005B/1901

* 9 7 8 2 0 1 9 2 1 5 4 8 4 *